人生は機転力で変えられる!

Change Your Life With Wit!

齋藤 孝

青春出版社

「機転力」がある人の9割は、
「技」として、
大人になってから身につけています

PROLOGUE

会話が終わり、相手と別れた後で、

「あのとき、こう切り返しとけばよかった……！」

「あの言葉は外しちゃったなぁ」

と思ったこと、ありませんか？

あるいは、機転を利《き》かせていい受け答えをし、すっかり相手と仲良くなってしまう人と同席したとき、すごいと思うと同時に、

「こんなふうに機転が利いたらいいけど、自分はそういう性格じゃないからなぁ」

と、ちょっと悔しい思いをしたことはないでしょうか。


たしかに、機転が利くというと、生まれつきの性格や育った環境で決まるように思われ

がちです。しかし、これは先天的な能力ではなく、「技」です。大人になってから身につけられるのです。

たとえば、

「今日はいい天気ですね」

と言われて、

「そうですね」

だけでは後が続きません（残念ながら、こういう人が意外に多いのではないでしょうか）。

相手は内心、「……会話、終了しちゃったよ」と思っているかもしれません。

「今日あたり、朝のランニングに最高じゃないですか？」

相手がマラソンをやっていると聞いたことがあったら、こう返してみる。

「そうなんですよね。しばらくサボってたけど、明日あたりから再開しようかな」

「お近くだと、やっぱり○○公園ですか？」

「ええ。いつもいるメンバーに『ちょっと太った？』とか言われそうだな……」

などと、自然に話が流れていきます。

「たしかマラソンやってるって言ってたな。何か聞いてみよう」と思えるか。いいかえれば「ここは〝**質問力**〟を駆使しよう」と思えるかがポイントです（後の章で詳しく説明します）。


では、相手が次のように話しかけてきたらどうでしょう？

「いやぁ、昨日飲みすぎちゃって。4軒ハシゴだよ、大散財だ」

あなたはどう切り返しますか？

「そうなんですか」

「大丈夫ですか？」

「すごいですね」

ではあまりにも寂しい。

かといって、

「それはちょっと飲みすぎだね」

「4軒もハシゴしたらお金がかかるのは当たり前だよ」

では盛り上がらないどころか、説教になってしまいます。

「4軒も飲むなんて体力あるなぁ。僕はとても無理だねー」

「お金あるんだな！　俺なんて先週、2軒目でお金なくなって酔いが醒めちゃったよ」

いったん相手の話を受け入れ、適度に相手を持ち上げながら、自分と対比させているわけですが、ここでは**「共感力」「コメント力」「ユーモア力」**が作動しています。

TPOに応じて様々な「～力」を組み合わせて繰り出すことで、会話は盛り上がっていきます。


私は、学生のころは決してコミュニケーションが上手な方ではありませんでした。恥ずかしい話ですが、孤高を気取っていたというか、周りから見ると話しかけにくいタイプだったようです。実際、人と話すのはあまり好きではありませんでした。

あるとき、これではいけないと思い、考えました。

「コミュニケーションは、いくつの要素から成り立っているのだろう。それを分解して、一つずつ訓練すれば、上手くなれるのでは？」

考え方の基本はスポーツ。学生時代やっていたテニスでした。

テニスに限らず、スポーツが上手くなるには、必要な動きを、いくつかの基本動作に分解し、それぞれを無意識でもこなせるようになるまでトレーニングするのが最良の方法です。テニスなら、サーブやボレー、スマッシュなどに分解し、それぞれを上手な人の型を真似て繰り返し練習することで、体に覚え込ませるわけです。

無意識に体が反応するようになることを、私は「技化《ワザ》」と呼んでいます。

体の小さい私ですが、このように「技化」することで上達しました。

コミュニケーションも同じです。

「あいつはしゃべりがうまいけど、俺はもうひとつだ」

「私は、ツッコミは少しできるけど、ボケは苦手」

「彼女みたいにいいキャラだったらできるけど、自分には無理」

と、漠然と生まれつきの能力やキャラクターで捉えるのではなく、

「質問力」

「共感力」

「プレゼン力」

「雑談力」などの要素に分解し、それぞれを鍛えることで上達できるのです。

私自身、この「技化」の結果、人と話をするのが楽しくなりました（孤高を気取る必要がなくなりました）。

最初は、ある一つの要素から始めます。

たとえば、いま私は、セミナーに来ている大学生や社会人に「1分間プレゼン」を課すことがあります。1分間でいろんなテーマで語ってもらう。最初はほとんどの人がグダグダですが、4回5回とやっていくうちに、見違えるように上手になっていくのです。10回もやると、もう「プレゼン力」に関しては、誰もが自信を持てるレベルになります。

こうして強化したいくつかの「力」を、TPOに応じて臨機応変に組み合わせ、自分流にアレンジしながら、実際のコミュニケーションの中で使いこなすわけです。

サッカーにたとえれば、個々の力がディフェンダーやボランチ、フォワードなどのプレーヤーだとすると、最良の結果を出すためにそれらをうまく組み合わせる司令塔が「機転力」、つまり「機転を利かせる力」です。

私も、気持ちのいい会話ができたなとか、いいコミュニケーションができたと感じるのは、やり取りの最中に「機転力」をうまく働かせることができたときです。

コミュニケーションの基本動作である個別の力にはどのようなものがあり、それらをどのように組み合わせる（「機転力」を発揮する）と効果的なのかを、本文で詳しく説明しました。

ぜひ、「機転力」を身につけて、コミュニケーションの達人としてご活躍ください。

齋藤 孝

人生は機転力で変えられる！

CONTENTS

CHAPTER 7

話す力 2

ユーモア力が身につく3つのコツ

CHAPTER 8

その他の力 1

新しい人間関係に強くなる「修正力」

CHAPTER 9

その他の力 2

「観察力」で相手を正確に把握する

CHAPTER 10

その他の力 3

相手の本音を正しくつかむ「キャッチ力」

CHAPTER 11

その他の力 4

「図化力」で大局的で冷静な解決ができる

CHAPTER 12

その他の力 5

トラブルを上手におさめる「謝罪力」

CHAPTER1

「機転がきく
コミュニケーション」は
才能ではなく「技」

企業が求めるコミュニケーション力とは？

いま企業が社員に対して求めているのがコミュニケーション能力です。私にも企業から講演の依頼が来ますが、テーマの多くはコミュニケーションに関すること。社員のコミュニケーション力、特に「マニュアルにない状況下で、機転を利かせてコミュニケーションをして対応する力」が足りないことで、さまざまな問題が起きているのです。

ある企業のベテラン人事担当は、ここ10年、20年を比較して、明らかに社員のコミュニケーション力が落ちていると嘆きます。

理由の一つは一人ひとりの仕事量が増えたこと。仕事が複雑化する一方、企業の人員削減もあって、一人がこなさなければいけない量が増えています。皆自分の仕事をこなすだけで精いっぱい。周囲に関心を払っている時間がない。

さらにＩＴ化がコミュニケーション力の低下に拍車をかけています。皆パソコンと向かい合って仕事をしている。お互いの会話が少なく、メールやＳＮＳでやり取りしています。目の前の同僚が何をしているかすらもよく分からない。

オフィス全体がシーンと静まり返って、パソコンのキーボードをたたく音しかしない。そんな職場が増えているのです。

コミュニケーション力が落ちている一方で、チームでやる仕事が増えてきたことも問題を大きくする原因になっています。仕事が高度化していて、しかも短時間で終わらせる必要がある。そこでプロジェクトを組んだり、チーム単位で仕事をする機会が増えています。緊密な連携の中で、TPOに合わせて機転を働かせて動く必要が、かつてなく高まっています。

ところが一人でもコミュニケーションの下手な人がいると全てが滞ってしまう。話が正確に伝わらない。伝達ができない。勝手な行動を取ってしまう……。それらが全体のパフォーマンスを下げ、ミスやトラブル、クレームにつながっていく。

これまで以上に高度な、マニュアル化できないレベルのコミュニケーション力、いわば「機転力」が求められていながら、実際の社員のコミュニケーション力はそれに見合ったものではないというのが、企業の人事部の本音のようです。

若い人がコミュニケーション下手な理由

とくに若い世代はネットやSNSを活用して、一見コミュニケーションを上手に取っているように見えます。ただし、それはあくまでも同世代の仲間内がほとんど。仲間同士の内輪の関係ならばコミュニケーションできても、社会に出てさまざまな年齢や立場の人の中に飛び込むと上手に会話ができなくなる。

昔の人は家族も兄弟が多かったり、親せきの人や近所の人など雑多な人間関係の中で揉まれて育った。下町の「寅さん」的な風土の中で育った人は明らかにコミュニケーション力が高いものですが、いまやそんな環境はありません。兄弟も少なく、親せきや近所づきあいも希薄です。

コミュニケーション力が付きにくい環境の中で育ちながら、社会に出るとこれまで以上に高度なレベルの「機転力」が求められるのがいまの若い世代。言ってみれば仮免しか持たずにいきなり複雑な道路を高速でドライブするようなもの。トラブルや事故が起きて当然です。

2極化の時代と言われますが、コミュニケーションの上手な人と下手な人の2極化も進むと私は見ています。それが仕事の成果につながり、収入の差や人生の幸福感の差につながっていく。

たとえば上司と飲みに行くのはストレスでしかないという人と、それを楽しめる人では何年か経つと大きな差がつきます。前者はますます上司と疎遠になるでしょうし、後者は上司からかわいがられ、さまざまな有益な情報を教えてもらえる可能性が高い。

情報量が増えれば取引先など、仕事上でのコミュニケーション力はさらに上がる。5年、10年で両者の差は大きなものになるはずです。

「機転力」は大人になってから身につけられる

「機転のきくコミュニケーションができる力」は、「才能」というより「技」です。

「才能」というと持って生まれたものが大きいイメージがありますが、「技」は学習して練習すれば誰でも身につけることができる。

私は必ずしもいまの若い人たちのコミュニケーション能力が低いとは思いません。要は経験と訓練。学生時代はぎこちない会話しかできなかった人が、社会に出て大きく変わり、積極的にコミュニケーションするようになったというケースもたくさん見てきました。

すでにふれましたが、私も学生時代、コミュニケーションがお世辞にも上手とは言えない学生でした。自ら積極的に相手に話しかけるでもなく、友達も多くはなかった。これではいけないと、社会人になって意識的に訓練し、コミュニケーション力、機転力を高めてきたという経緯があります。

「意識的」という言葉を使いましたが、この「意識」することが大切です。自分のコミュニケーション力の実態を正確に把握し、どんな力が足りないのか？　どこが人よりすぐれているのか？　それらを客観的に意識することが重要です。

そのためには、コミュニケーションという漠然とした言葉を細かい要素に分解する必要があります。

コミュニケーションにはどんな要素があるか？

大きく分けると**「聞く力」**と**「話す力」**、**「その他の力」**の三つがあります。

「聞く力」には、
話のポイントを的確につかむ**「要約力」**、
相手から話を聞き出す**「質問力」**、
話を広げる**「展開力」**、
話を理解するための**「情報力」**、
相手の話に共鳴する**「共有力」**、
キーワードをもとに会話を広げる**「メモ力」**
があります。

「話す力」には、
話をまとめて分かりやすく伝える**「プレゼン力」**、
決められた時間内に自分の考えを伝える**「コメント力」**、
話をやわらかくする**「ユーモア力」**
などがあります。

「その他の力」には、

TPOに合わせて自分を変える**「修正力」**、

相手がどういう人かを見抜く**「観察力」**、

相手の状況や本音を見抜く**「キャッチ力」**、

大局的に、冷静に問題を解決できる**「図化力」**、

トラブルや相手が怒っているときに対応する**「謝罪力」**

などがあります。

コミュニケーションをこれらの要素に分け、日々の会話で自分がどれだけできているかを意識する。そしてできている部分をさらに伸ばし、足りない部分を補うようにする。つまり訓練するのです。

個々の要素を磨き、技として身につけていけば、おのずとコミュニケーション力は高まる。

たとえばテニスでいいサーブを打つ練習をするときに、漠然と打っていてもなかなか上達しません。

基本のフォームを思い描きながら、腕の位置、打つポイント、力の入れ具合などを意識しながら、一球ごとにどれくらい位置がずれているか確認しながら打ち、修正していきます。

コミュニケーションも同じで、**「質問力」**を意識したとき、会話の中でどういう質問をしたら相手が乗ってきたか、あるいは引いてしまったかを確認するのです。その結果をフィードバックしながら修正していく。

個々の「○○力」について、それをくり返しながら、よりよいスタイル、型を身につける。そしてＴＰＯに応じていくつかの力を組み合わせる。それが「技」を身につけるということ。すなわち「技化」です。コミュニケーションもそうやって「技化」することで誰でも上達できるものだと考えます。

意識した時点で能力は上がっている

意識することで私たちの能力は想像以上に高まります。先ほどのテニスで言うなら、サーブだけではなくリターン、フォアハンドやバックハンドというように、技術を要素に分け、それぞれの要素を意識しながら伸ばしていく。

コミュニケーションであれば、先ほど挙げた「質問力」「要約力」「コメント力」などの要素を意識する。

意識した時点で私たちの能力は上がっているのです。

良くないのは、意識しないで漫然と行うこと。それではどの力も伸びていきません。

どの世界にも一握りの「天才」がいます。彼らは意識しなくても人より高いレベルのことができてしまう。

大多数の人はそうはいきません。ただし凡才であっても意識化し、練習と訓練と経験を積み上げることで達人の領域に近づくことができる。

そういう人のほうが意識して体系的に捉えているので、技を理論的に人に教え伝えることができる。長嶋茂雄さんが野球の天才ならば、野村再生工場と呼ばれ、人材を蘇らせ、さらに多くの才能を開花させた野村克也さんが典型的でしょう。

自分はコミュニケーションが上手くない、機転を利かせるのは苦手だという人のほうがじつは可能性があるのです。

天才型で最初からある程度できてしまう人の中には、安心してそれ以上伸びなくなる人もいます。

コミュニケーションのさまざまな力を技として身につけながら、それぞれを臨機応変に組み合わせて実践に生かす。

この本では、その方法について説明していきます。

では次の章から、それぞれの力について具体的に探っていきましょう。

CHAPTER2

聞く力

1

質問力、
要約力、
展開力が
会話をリードする

会話の目的はスマッシュでなくラリー

コミュニケーションは「聞く」ことと「話す」ことで成り立っています。どちらがコミュニケーションの上達において重要か？　つい「話す」ほうに目が行きがちですが、じつは「聞く」ことのほうが重要だと考えます。

コミュニケーションの基本は、まず相手の話をしっかりと聞くこと。その上で相手が伝えたいことを理解し、的確な言葉で返す。すると相手は自分の気持ちや考えが理解されたと感じ、気分がよくなり会話がさらに深まる。

卓球でたとえると、日常のコミュニケーションは試合というよりも、温泉宿でやるピンポンに近いと思います。卓球の試合は、お互い相手がとりにくいところに向けて打ち合います。ピンポンはラリーを続けることが目的。続けること、お互いに作り上げていくことで面白くなる。自分が打ち込むことだけに関心があって、来た球をすべてスマッシュで返したらラリーなど続きません。自分は気持ち良くても相手はつまらない。

コミュニケーションも同じで、まずラリーを続けられることが大前提です。そのためには自分の主張をする前に、相手の話をしっかりと聞く。「聞く力」がある人がコミュニケーションの上手な人です。

たとえば時間ができるとつい誘ってお茶したいとか、お酒を飲みたいと思う友人はいませんか？　おそらくそういう人は話が面白いというより、こちらの話をしっかりと聞いてくれる人、話を理解して的確に受け答えしてくれる人ではないでしょうか。

誰もが自分の話を語りたいし、聞いてほしいというわがままな存在です。全員がピッチャーになりたいし、フォワードでシュートを打ちたい。そこで自らキャッチャーやキーパーになれる人が、本当の意味でのコミュニケーションの上手な人なのです。

ですから「聞く」ことは大人の作業なのです。聞き上手な子どもはあまり見かけません。子どもはたいてい自分のことがしゃべりたくて、「あのね……、えっとね……、それでね……」と自分のことをしゃべり続けます。

自分のことを語りたいというのは自己中心的な幼児性の表れでもありますが、その幼児性を脱することがコミュニケーション上達のポイントです。

これは考える以上に難しいこと。でもそれができる人が「また会いたい」とか「あの人と話すと気分がいい」と言われる存在になるのです。

要約力……同じ話でも聞き手により理解度が違う理由

「聞く力」は大きく分けると二つの力に分けられます。

一つは相手の話の要旨をしっかりと把握することができること。つまり要約することができる力。もう一つは上手な質問ができること。

「要約力」と「質問力」が高い人は「聞く力」が高い。

まずは相手の話を聞いて、ポイントを外さずに理解し要旨を把握できるか？　相手の話を要約することができるか？

前に意識することの大切さについて触れましたが、ここでも「意識」が大事です。

「相手の言っていることはどういうことか？」「何を一番伝えたがっているのか？」という「意識」を向けていること。意識を向けるだけで、自然に思考は相手の話に集中します。

漫然と聞いていたり、自分のしたい話のことばかり頭にあるうちは、思考が相手の話にフォーカスしません。

このフォーカスが不十分なまま会話をしている人が多いのです。卓球でたとえるならば、まず相手のサーブの球筋を見極めるということ。どんな角度でどんな勢いで球がこちらに向かっているのかを一瞬で判断する。その角度と勢いに合わせてラケットをどう向けるか？　そしてどんな力で打ち返せば相手の手元に球が返るかを考える。

たとえば相手が「昔ギャンブルにハマって大損したことがあってね」と話をしたとします。相手は何を伝えたいのか？

ギャンブルは損をするからやめた方がいいということか、それとも大損した経験を語りたいだけなのか？

もしかすると、ギャンブルで得した体験もあって、じつはそれを自慢したいのかもしれません。大損した話はそのための「振り」ということも考えられます。

判断するのはそれまでの話の流れや、話しているときの相手の様子や表情、そして相手の性格など、言葉以外のさまざまな情報を加味します。それまでの話の流れが「人生のムダなことについて」とか「ギャンブルや投資の怖さ」のようなことであれば、ギャンブルのネガティブさを強調するエピソードと考えられます。

逆に「これまでの武勇伝」や「面白い出来事」を語り合っているような流れであれば、むしろポジティブな体験として語っている可能性が高い。そこで杓子《しゃくし》定規に「ギャンブルはいけない」とか「損して大変だったね」という返しをすると、話の腰を折ることになります。

また相手の表情がいかにも楽しそうに語っているのか、険しい表情なのか？　後悔しがちな性格なのか、やたら自慢好きなのかによっても、判断は変わってくるでしょう。

いずれにしても、相手の発した言葉だけでなく、総合的に相手の本意を見極めること、要点をつかむことがコミュニケーションの基本になるのです。

ポイントをついた質問が会話の文脈をつくる

「相手はこういうことを伝えたいのだろう」という仮説を立てたら、それを確認しながら会話を進めていきましょう。ポイントになるのが、的確に質問をして会話を続ける**「質問力」**。

ギャンブルで大損したことがあるという相手に対して、

「それはいつのこと？」

「どれくらいの損をしたの？」

という素朴な質問から始まって、

「ギャンブルはどれくらいやっていたの？」

「その他に負けた経験はあるの？」

「逆に勝った経験は？」

「最高どれくらい勝ったの？」

というように質問を掘り下げていきます。

質問をすることで、相手の本意や意図がより明確に分かってきます。相手も、的確な質問がくれば、自分の話をしっかり聞いてくれているという安心と満足を感じるでしょう。

会話のラリーを続けながら、会話の方向性や落とし所が見えてくる。それが会話の文脈を作るということ。お互いが協力し合って会話の文脈を作ることがコミュニケーションだと思います。

それができてくると自然に、会話にリズム感が生まれます。まさに上手な人同士が卓球をやっているような応酬の楽しさ、阿吽《あうん》の呼吸が生まれる。

私は『「頭がいい」とは、文脈力である。』という本を書いていますが、会話の文脈を捉え、それを壊さずに広げていける人がコミュニケーションの上手な人だと思います。

一番良くないのは「ギャンブルはよくない！」などと一刀両断に決めつけること。話し手の意図に関わらず、話がそこで終わってしまいます。

テニスや卓球で言うならば、いきなりスマッシュを打ち込んで試合を決めてしまう。日常の会話においてはラリーを続けることが目的であって、白黒をはっきりさせることではないのです。

ところがスマッシュを決めたがる人が多い。とくに男性にその傾向が強いように思います。日常の会話は論争の場でもなければ会議の場でもありません。早急に結論や判断を出す必要はない。

早急な判断、ジャッジはコミュニケーションの妨げになります。ジャッジを下すのではなく、話の流れと文脈を見極め、その流れに添うこと。そしてそれをお互いに作り上げ広げていくことが会話の醍醐味《だいごみ》なのです。

会話をさらに深めるための「展開力」

会話の質を高めるためには質問だけでなく、相手の話に自分なりの視点や考えを添えなら展開する**「展開力」**が必要になります。

展開するためには、いくつかの定型のフレーズがあります。

私がよく使うのが、

「それは、つまりこういうことでしょうか？」

「もしかしてこういうことでは？」

「たとえばこういうことですよね？」

というフレーズ。

相手の話を受けて、自分なりの解釈を相手に投げかけます。単なる質問よりも相手は「自分の話を聞いてくれている」という実感を強く持ちます。さらに新たな見解やテーマがそこから生まれて会話が刺激的なものになります。

Aさん：「入社当時は、あまり先輩や上司から仕事を教えてもらったことがなくて、盗みながら学んできましたね」

Bさん：「**それはつまり、**職場全体が、盗んで学べという雰囲気だったのですか？」

Aさん：「そういうわけでもないのですが……他の若手は結構教えてもらってましたよ」

Bさん：「失礼ですが、**もしかして**Aさんはちょっと変わった新入社員だったのでは？」
Aさん：「そうなんです。じつは経歴が変わっていて、鳴り物入りで入社したいきさつがあって……。ですから入社当時から先輩に目を付けられていました」
Bさん：「**たとえば野球選手でも、**ドラフトで話題になった選手が入団すると、ほかの先輩選手は最初よそよそしいという話がありますよね？」
Aさん：「そう、そう！　まさにそれです。いやー、けっこう大変でしたねぇ」

会話の例を見てもらえば分かるように、Bさんは質問しながら上手に話を展開させ、会話をより核心に近づけることに成功しています。自然な流れでAさんは、入社当時の大変だった時期の話を始めることになりました。

皆さんも日常の会話の中で、これらのフレーズを頭に浮かべながら会話をしてみましょう。思った以上にスムーズに話が流れ、展開していくはずです。

この会話例を見てもらうと分かりますが、じつは会話の舵《かじ》取りをしているのはBさんの方なのです。

鍵を握るのは、話す側ではなく聞く側。

この真理を知っている人が会話の達人であり、コミュニケーションの上手な人です。

質問をしながら会話を上手にコントロールする。この感覚と面白さを知ったら、自分の話したいことを一方的に話すという初歩的なレベルには留まっていられなくなるはずです。

「つなぎ言葉」ひとつで展開が良くなる！

会話をスムーズに展開するために、私が意識しているのが「つなぎ言葉」（私の造語ですが）の使い方です。

「つなぎ言葉」の使い方一つで、会話が弾むか尻すぼみになるかが変わります。私が意識的によく使うのが「あ、そういえば」というもの。

「あ、そういえば」というのは、相手の話を受けて気がついたということ。相手の話に触発されて気づきがあり、それを次の話に転換していくということです。すると話がスムーズに流れながら展開し、一つの会話の文脈が出来上がっていきます。

逆に話が続かなくなるのが「全然関係ないのですが」、「話は変わりますが」。相手の話をブチッと遮って、無理やり自分の話にしてしまう。私は会話の中でこれらの言葉を使っ

た記憶がほとんどありません。今後も使いたくない言葉です。

やはり会話はお互いが作り上げていくものだと思います。切るのではなくつなげていくのが基本です。

つなげて、そして少しずつずらしていく。**「添いつつずらす」**ということを意識してみましょう。すると会話として一貫した文脈を保ちながら、一つの所に留まるのではなく変化し流れていく。会話の妙は、その流れていく様にあると思います。

ちなみに、他に便利で有効な言葉としては、以下のようなものがあります。

「それだったら」「それなら」＝「それならこんなことも考えられそうですね……」

「たしかに」＝「たしかにそうですね、それに……」

「ということは」＝「ということは……ということでしょうか？」

「先ほどの話で」＝「先ほどの話で思い出したのですが……」

「ちなみに」＝「ちなみに……という考え方もできるでしょうか？」

以上のような「つなぎ言葉」から会話をつなげていくことで、添いつつずらす会話が可能になります。それが上手にできる人は、やはり軽やかに会話を楽しむことができる人でしょう。

ところで、最近の若い人の「つなぎ言葉」で気になるものがいくつかあります。「あ、なるほど」と短く言うのは気にならないのですが、「あーあー」とか「んーんー」というような、長く語尾を伸ばす言葉はちょっと気になります。

あとはやたら「ですね」をつける人もいます。「それはですね」「つまりですね」ならまだしも「えーとですね」「なるほどですね」となると言葉としておかしい。

友達同士の会話であればそれほど問題は起きないでしょうが、社会に出て上司や得意先など年上の人と会話する時には、このような表現は避けた方が無難です。日ごろの友達同士の会話でも意識して使わないようにしないと、ついつい大事な場面で口をついて出てしまうので要注意です。

同じ話をする人とこそ飲みに行け！

質問力と展開力を鍛えるための、とてもいい練習の場があります。

それはあなたが面倒だなとか、つまらないなと思っている人と、あえて会話をすること。いつも同じ話をしていたり、自慢話が多かったりする人が周りにいませんか？　そういう人との会話こそコミュニケーション力を高めるチャンスなのです。

「同じ話をくり返しする人とあえて話して、展開力を鍛えましょう」

私は学生やセミナーに来た社会人たちにそう勧めます。同じ話をする人でも、実は質問の仕方や展開の仕方を変えることで、これまで聞いたことのない新鮮な話をしてくれることがあります。

「この前話していたあの件は、じつはこういうことなんでしょうか？」

「そういえば○○さんの件ですが、どうしてああいうことになったのでしょう？」

手を替え品を替えて質問し展開をしていくと、「いや、じつはねぇ……」とこれまで語らなかった事実をおもむろに語り出すかもしれません。

苦手にしている相手と面白い会話ができたという体験が大きいのです。あなたの受け答え一つで、相手がこれだけ変わるということを実感することができます。

会話力を上げ、コミュニケーション力を高めるには、身近な人こそポイントになるのです。

私の父親はお酒が好きで毎晩晩酌をする人でした。ただ、酔うと同じ話をしがちでした。あるとき逆にいろいろ質問してみました。

すると、それまで同じ話を繰り返していた父が、自分の父、つまり私の祖父の話や戦前から戦争中の話など、それまで知らなかった話をいろいろしてくれたのです。

興味深くためになったし、父が満足げにしていたのもよかった。もう亡くなりましたが多少の親孝行にはなったかなと思っています。

いずれにしても話が意外な方向に展開することで、会話はクリエイティブなものになります。お互いが思いもよらない話の展開の中で新しい発見や気づきを得る。それがさらに次の話につながっていく。

そんな楽しい会話をするためには、相手の話を聞き、要約して的確な質問をすること。それをさらに自分なりに解釈して展開することが大切なのです。

CHAPTER3

聞く力

2

情報力が
会話を盛り上げる

事前の準備が会話力を高める

コミュニケーション力の足りない人に共通するのが知識や関心の不足。相手が話しかけてきたときに、それに対する知識や関心が不足していたら、満足に質問することも展開することもできません。

私も仕事柄、いろんな人と対談することがあります。その際、対談する相手のことを事前によく調べます。相手が本を書いているなら当然その著作を読んでおく。ブログを書いていたらそれに目を通しておく。

今はネット上でもいろいろと情報を検索することができます。有名人や著名人でなくともブログやフェイスブックなどを読めば、出身地や簡単な経歴なども知ることができます。

以前、世界的ヴァイオリニストの古澤巖さんとステージ上で対談したことがあります。事前に資料やブログなどにも目を通してわかったのは、古澤さんが合気道をやっているということ。そこで武道と音楽との関連を聞いてみたいと思いました。

するとへその下にある臍下丹田《せいかたんでん》という部分が、武道にも演奏にも大切だという話になりました。1時間の予定だったトークショーが盛り上がって2時間に。古澤さんの奥の深い話や独自の音楽論に触れることができました。

人と会って話をするとき、相手の情報が豊富にあれば、当然話が広がる可能性が高くなります。

もし私が古澤さんの武道の話を知らなければ、武道と音楽の関係というワクワクするような話は聞けずに終わったかもしれません。

ふだん仕事で人に会う際も、相手に対する情報があるほど会話がうまくいくのは確かです。新規に営業先を回る際にも、相手がどんな状況か、どんなことに問題点を感じていて、何に興味があるかが分かれば適切な提案や対応ができます。

同じ会社の同僚や上司でも、相手がそれぞれどんな趣味を持っているかとか、何が好きかを知っているだけで会話の糸口になります。「この人は山が好きだったな」とか「将棋が好きだったな」ということをインプットしておくと、廊下ですれ違った時にでも「最近山に行きました?」とか「この前○○さん負けちゃいましたね」などと話を振ることができます。

とくに最近はブログやフェイスブックをやっている人が多い。それらを事前にチェックしておくと、本人が今関心のあることや楽しかったことなどが分かりますから、前に述べた「質問力」や「展開力」を生かして関連する話を振ったり質問することで会話が成立します。

事前に準備をすること。ちょっとした手間をかけるだけで驚くほど会話がスムーズに、豊かになるはずです。

雑誌のインタビュー記事はネタの宝庫

その他にも日頃の生活の中で押さえておくべき情報というのがあります。ベストセラーなどは流行りものだと言って避ける人もいますが、もったいない。ミリオンセラーなどになればそれだけ読んでいる人もいますから、共通の話題になる確率が高い。

相手が読んでいなくても、なぜそれが今の時代に流行るのか、自分なりに分析する。それ自体が話のネタになります。

それから、私が好きなのが雑誌。それもインタビュー記事が大好きです。映画監督や俳優、あるいはミュージシャンが出てくるようなインタビューがありますね。それも短いものではなくて1万字くらいの長いインタビューになると、情報量はとても多い。

こういうインタビュー記事が充実している雑誌を毎月4〜5誌定期的に読んでいます。するとニュースだとか本では出てこないような、裏話的な情報をたくさん知ることができる。

先日もヘアサロンに置いてあった「Cut（カット）」という雑誌を読んでいたら、映画監督のマーティン・スコセッシ監督のインタビュー記事の中に、彼が『タクシードライバー』という映画を撮影した時の話がありました。

ロバート・デニーロは私が大好きな役者。撮影の際のデニーロがじつはこうだったといった話は、映画好きとしてはたまりません。そこからスコセッシ監督にも興味が湧いてきました。

書籍は一つのテーマを掘り下げた情報があって、それはそれで興味深いし有益なのですが、雑誌は広く雑多な情報が詰まっています。それが日々の会話や雑談にはちょうどいい。

パラパラと眺めるだけでいろんな情報が入って来るという意味で雑誌はいい媒体なのだと思います。しかも充実したインタビュー記事があれば情報価値はさらに高くなる。皆さんも定期的に読む雑誌があると思いますが、そういうベースになる情報源をいくつか意識的に持っておくことが大切です。

たしかにいまは、ネット情報もたくさんあり、それをチェックするだけでも情報量はかなりのものですが、雑誌などの媒体は、編集部や編集者という介在者がいて、情報の選択をしてくれる。

ネットだとどうしても玉石混淆《ぎょくせきこんこう》で、いろんな情報が一緒くたになっています。そこから取捨選択するだけでもひと苦労。その道に詳しい編集者などがある程度情報を選択しブラッシュアップしてくれる雑誌などの媒体は、手間が省けるだけでも有益だといえます。

アンテナを立てると情報が飛び込んでくる

雑誌や本、ネットやテレビなどいろんな情報に触れているはずなのに、なぜか情報が身についていない、残っていないという人がいます。

それはそもそも関心が足りないから。人は関心があることには自然と目が行くし、覚えているものです。

私はよく若い人に「アンテナを立てていますか？」と聞きます。

単に情報に敏感になれということではなく、興味のあることがどれくらいあるかを意識化しているかどうかということです。

私自身は本業である教育分野はもちろんですが、スポーツや武道、映画や芸能といったやわらかい分野まで、いくつか興味のある分野があります。そこで雑誌でも新聞でも自分が関心のある記事を、分野に関係なく読みあさります。

大学で学生に必ずやってもらっているのが新聞の切り貼りです。インターネットの時代になんとも原始的でアナログだと思うでしょう？　ところがこれを2週間もやると意識がずいぶん変わることに学生自身が驚きます。

自分の興味があることは何なのか？　面白いと思うのは、どういう分野なのか？　新聞や雑誌を読んで選択する時点で意識化されます。さらにそれを切ってファイリングしたり貼りつけたりする手作業の中で、意識と情報が頭に定着する。

切って貼るという作業を通して、それまでは単なる情報として外側に存在していたものが、自分のものになっていく。自分の情報というような不思議な感覚になります。情報が他人事ではなくなるわけです。

さらに学生にはその記事について第三者に話をしてもらう。話をすることで情報がより自分の意識に定着する。

するとどうなるか？　不思議なことに関連する情報が自然と入ってくるようになります。無意識にそういう情報をキャッチするようになる。

たとえば、円がいまどうなっているかという話など、投資などをやらない学生にしたらあまり身近な話題ではない。ところが海外旅行で商品が高かったとか安かったとか、そんな何気ない記事に興味を持って切り抜いたとします。で、2〜3人にその記事の話をしているうちに、円の動きだとか為替の話に展開していく。

するとそれまであまり興味のなかった為替に関する情報に、自然に目が行くようになります。目が行くだけでなく記憶に残るようになる。自分の興味のあることを切り抜き、誰かに話すということで、情報に対するアンテナが鋭く立つようになるのです。

私も先ほどのスコセッシ監督のインタビュー記事が面白かったとなると、すぐにそれを誰かに話します。ヘアサロンで待ち時間に読んだ記事の話を、さっそく美容師さんに髪を切ってもらいながら話をする。

自分の興味のある話なので、相手にもその面白さが伝わりやすい。そうやってアウトプットすることで記憶に定着するし、アンテナも鋭くなる。面白いことにそうやって意識に興味が顕在化すると、関連情報が不思議なくらい飛び込んでくるのです。実際その記事を読んで、美容師さんに話をした後、街を歩いていても雑誌を読んでもやたらとスコセッシ監督の記事やニュースが目に入ってきました。

私の場合、こういうシンクロニシティのような現象がよく起きます。皆さんもきっと似たような体験をされたことがあるのでは？

アンテナというのはまさにこのことで、周波数を合わせるという感じに近い。周波数が合わないとキャッチできないものが、意識することで周波数が合うと、情報が飛び込んでくるのです。

情報の「ベースキャンプ」をたくさん持つ

そうやって周波数を合わせていくと、情報が入ってくると同時に、奥行きが深まります。

たとえばロバート・デニーロからスコセッシ監督に興味が出て、そこからロジャー・コーマンというプロデューサーの存在に行きつく。

コーマンは低予算でマニアックな映画をたくさんプロデュースしているんですね。それがけっこう面白い映画ばかり。そうやって興味と情報の枝葉が広がり、深くなっていく。**私は「知識と情報のベースキャンプ」と呼んでいるのですが、そういうものを一つだけでなく複数持っておく。映画でも音楽でもいいし、スポーツや旅行でもいいのです。**

もちろん経済や政治でも構わないのですが、どうも男性は硬い話になりがちです。女性はその点食べ物やお店だとか、健康や美容の話や旅行だとか、日常のさまざまなことの細部まで話題が豊富。

男性はどうしても話がすぐに尽きてしまいます。男性が何かと天下国家を論じたがるのは、権力欲が強いということではなしに、女性のような具体的な話題が少ない、会話のバリエーションが少ないということも大いに関係していると思います。

ただし男性の場合、一つの興味のある分野を突き詰める傾向があります。それが極端になるとオタクと呼ばれるような形になるのかもしれません。いずれにしても深く知っている分野があると、そこから話を深めていけることは確かです。

私が好きなテレビ番組で、皆さんもご存じの雨上がり決死隊の『アメトーーク』という番組があります。この番組が画期的なのは、ひな壇芸人に焦点を当てたというだけでなく、「家電芸人」とか「中学の時イケてないグループに属していた芸人」「今、プロレスが熱い芸人」というように、芸人をテーマによって分けて語らせる面白さで人気になったことです。

それぞれの分野に一家言あると自負する芸人が一堂に会して、その知識を面白おかしく話すのですが、家電芸人と呼ばれる土田晃之さんや劇団ひとりさんなどの話を聞いていると、それぞれ説得力があります。

もちろん芸人さんなので話が上手だということがありますが、それ以上に本当に家電が好きであること、その商品を実際に使った体験談で話をしていることが大きい。日経流通新聞によれば、『アメトーーク』を見て商品を決める顧客が相当数いるそうです。また家電量販店の営業スタッフが、家電芸人のトークを参考にしているとか。

同紙によれば、家電芸人のコメントがあくまでも購入者、使用者の視点に立っていること。知識は豊富でもそれに溺れるのではなく、あくまでも利用者としての実感から話しているのでリアリティがあるわけです。

結局は自分が気に入っているとか、好きであるという実感があるからこそ、話に説得力が生まれるし、聞いていても楽しい。

私たちもまず自分が興味があることは何か？　好きなことは何か？　明確に意識するこ

とがポイントなのです。

その上でアンテナを立て、情報を集めることで、その分野の知識を深め広げていくことが大切です。

CHAPTER4

聞く力

3

会話は
「共有力」で
おもしろくなる

独占ではなく共有が大前提

コミュニケーションが上手くいかない、空回りするという人に共通している傾向が「共有」に対する意識の欠如です。

自分だけが話したいことを一方的に話したり、何かにつけて議論して相手に勝とうとする。そこには共有するという概念が希薄です。そういうコミュニケーションを取っている限り、相手は心を開いてはくれないし、まして好感や信頼感を持ってくれることはないでしょう。

会話というのは「共有」することだと認識することが大切です。

何を共有しているか？　まず「時間」を共有していますね。それから同じ所で顔を合わせるという意味で「場」を共有しています。

とくに対面でのコミュニケーションの場合、時間と空間を共有するということが大前提なわけです。時間と空間を共有しながら、そこで情報をやり取りする。情報自体も「共有」物となります。

ですから同じものをできるだけたくさん持つこと、共有することこそコミュニケーションだとも言うことができるわけです。ところがこの意識が薄い人がいるのですね。相手と何かを共有しようとする意識がなければ、それはもはやコミュニケーションでも会話でもないといえます。

職場の「代理力」が求められる

この共有の概念はますます重要になってきています。たとえば会社の部署でも、お互いの仕事の情報を共有し合うことが多くなっているのではないでしょうか？　部署の全員が携帯やスマホを持ち歩き、お互いの仕事の予定を共通のスケジュール管理ツールにアップして情報を共有する。

スケジュールだけではなく契約の状況や打ち合わせの結果、トラブルや出来事などのあらゆる情報を共有する。

共有がうまくいっている会社、部署ほど仕事がスムーズにいくといえます。たとえば会社に電話をしたら担当者が外出していることがあります。情報の共有がうまくいっていない会社は「担当が戻ったら連絡させます」と電話を切る。

共有がうまくいっている会社なら、「本人は外出していますが、私が要件を承ります」と別な社員が代理で受けてくれます。そこで用件を聞き、「そういうことでしたら、私のほうで対処させていただきます」と、その場で用件を済ますことができます。

どちらの会社がパフォーマンスが高いか、言うまでもありません。IT化が進んだことによって、情報の共有化は格段に進んでいます。そこで「担当者がおりませんので」と、代理の受け答えができない会社は、競争に生き残ることは難しい時代だと言えます。

そのためには社員同士のコミュニケーションをより緊密に行い、お互いの情報共有度を高めておく必要があります。

社員の誰かが仕事でいいパフォーマンスを発揮したとか、このように対応したらうまくいったというような成功例や、逆にこうしたら失敗したとかミスが発生したという失敗例も貴重な情報です。

それらも共通のデータベース上で共有する。個人のスキルや情報が共有されることで、会社全体、部署全体のパフォーマンスがアップします。

たとえばある顧客からクレームのメールが来たとして、ある人物がメールでやり取りしながらうまく収めることができたとします。そのやり取り、会話をアップしてみんなでシェアする。自分の仕事が皆に評価され、それが全員のスタンダードとして認められればモチベーションアップにもなると思います。

「バディ制度」で協力し合うおもしろさ

大学のゼミで取り入れているのが「バディ（相棒）制度」です。性別や学年を超えて2人1組のチームを作り、1週間後とか2週間後に何かしらの発表をしてもらう。テーマは自由です。それこそ何かの研究でもいいし、コントや歌でも何でもOKです。すると結構面白いものが出来上がってくるんですね。そこで私は「素晴らしいね！」と言って褒《ほ》める。他の学生も良い点を褒めるのです。その際、発表のこの部分が感動したとかびっくりしたとか具体的に指摘します。

すると、どんなコンビも非常に嬉しそうな顔をするのです。2人で決めたテーマを2人でやり遂げる。個人的な評価とはまた違う、別の喜びや満足感、達成感があるのですね。

とくに「2人のコンビネーションが抜群だね」とか「相性が素晴らしいね」とお互いの

関係性の良さを指摘すると、とても自信になるようです。お互いの結束力が高まり、お互いがリスペクトできるようになります。

このバディ制度の良さは、お互いの違いを明確にして、それを生かすことの喜びと楽しさを実感することです。たとえばA君はプレゼンは得意だけど、ものを作ることが苦手だとします。Bさんは人前で話すのは苦手でも、絵や図を描くのが得意だとします。するとA君はプレゼン役、Bさんはそのための資料として図を描くというように、得意分野をそれぞれが分担する。

平均的な力の人、10段階でいえば5の力を持っている人が2人集まるより、ある部分はダメだけど、ある部分は8とか9の能力があるという人が集まる。そこでそれぞれが得意分野で力を発揮することで、全体のパフォーマンスが一気に上がるのです。

バディ制の狙いは、一つは、それぞれの得意分野を担当することで成果が上がるのを実感すること。もう一つはその成果に対する評価、私や他の学生たちからの評価を得ることで、自信や満足感、喜びを感じることです。

ストロングポイントを出し合うことで、1プラス1が2ではなく、3にも4にもなる。そのためにはお互いの差異と得手不得手を知り、それを尊重することが大切だということが分かります。

「評価」が人を育てる

ニーチェは自著の『ツァラトゥストラはかく語りき』の中で**「評価は創造である」**とはっきりと言っています。ゼミで私や周りの学生たちが出しものの内容や2人のコンビネーションを評価する。それが2人の意識を変えることになります。

すると、評価された部分が明らかに伸びていく。植物は光の当たった部分が伸びることで、光の方に向かっていきます。それと同じで、評価をされた部分が光の当たった植物のように伸びていく。

だからこそ評価とは創造であるとニーチェは言うのです。評価をしたところが変化していく。ですから評価というのは「変化に気づく」ということでもあると思います。

たとえば部下が企画書にちょっとした図を入れてきたと。「図があると分かりやすいね」と素早くその変化に気づき「評価」する。すると、部下は張り切ってさらにいろんな工夫をしてくるようになるかもしれません。

「プレゼン資料の大事な文章を太字にすると見やすいね」と部下を評価する。そしてそれを全員に示して、「○○君のこのやり方、皆でマネしよう」と、評価を共有する。当人のモチベーションも上がるし、チーム全体のパフォーマンスも上がります。

私のゼミでは、毎週エッセイのようなものをまとめる課題も出しています。すると中には面白いものがあって、ある学生は毎回1コマ漫画を描いてくる。それが気が利いていていてセンスがあるのです。

そんなとき、私はすかさずゼミ参加者に「○○君のエッセイは、漫画が付いていてとても面白いよ」と皆に見せるのです。評価された本人は照れながらも嬉しそうな顔をしています。他の人も、「なるほど、こんなやり方があったのか」と創造力に火がつきます。

これが組織として習慣化されるととても風通しのよい、明るく前向きな雰囲気になります。「共有」することでこれだけ人も組織も変わる。そんな実感を強く抱いています。

コミュニケーションを通じて「共有」するものが多くなればなるほど、お互いの関係が深まり、全体のパフォーマンスも上がります。ビジネスの世界でもいまや「共有」や「シェア」は大きな流れになりつつあります。

もしあなたの会社の組織や部署にいま一つ活気がないと感じたら、以上のことを思い出してみてください。

2人1組のバディ制でも、何人かのチーム制でもいいと思います。共通の目標を作ってそれにトライする。そしてできる限り良い点を評価し、そのチーム全体を褒めてみましょう。

私もよくテレビの収録後の反省会に出ますが、基本的に良かった点しか指摘しません。VTRの出来が良かったとか、誰々のコメントがとても良かったとか、司会進行が絶妙だとか。収録中もプラスのポイントだけサッとメモしています。

ニーチェが言うように、評価とは創造だと思います。さらに言えばコミュニケーションとは創造であると。お互いに共有するものを育むことで、楽しく、面白く創造的な場が増えていく。そんなコミュニケーションを常に目指したいと思います。

CHAPTER5

聞く力

4

「メモ力」で、キーワードをもとに会話が広がる

できる人ほど「メモを取る姿」を見ている

私の経験上、仕事ができる人ほどひんぱんにメモを取ります。

ある新聞社で優秀だと評判のベテラン記者の取材を受けたことがあるのですが、とにかくよくメモを取る。それだけじゃなくて私の言葉に素早く相槌《あいづち》を打ち、飲み物などのオーダーも手際よくこなします。

それと対照的だったのが、一緒に来た若い記者。こちらは全く動かなければメモも取らない。話を聞いても相槌も打たず笑顔もない。一体何をしに来たのかなという気持ちになります。

会話の中でメモを取るというのは、一つのアピールになります。「私はあなたの話をしっかり聞いていますよ」という証明であり、相手に敬意を表すサインにもなります。雑談でいちいちメモを取る必要はないでしょうが、ビジネスの打ち合わせや、相手の話を聞くときには、メモをしっかりと取ることが大事です。

会社の打ち合わせでもメモを取ることが大前提。そこで要点をしっかりメモしているか？　上司は部下のそういう部分を見ています。

ビジネスで「この相手を信用して良いかどうか」というのは、「ポイントをつかむことができる人物か否か」で判断される部分がとても大きい。その2分法を、人は無意識に行っているのです。

仕事を任せられる相手、一緒に仕事ができる相手には、やはり仕事のツボを押さえることができる人を選んでいるはずです。

的確にメモを取ることができる人物は、当然ポイントを押さえることができます。またそれを周囲にアピールすることもできる。二つの効用があるのです。

ところが社会に出ると、意外にメモの効用を部下に伝える人が少ないのです。私はメモの力を非常に重視していますから、教育実習に行く学生には、極力メモを取るようにアドバイスします。

すると実習生が学校に行って校長先生が話しているときなど、ちゃんとメモを取る。他の実習生はメモを取らず、取っていたのは自分だけで、とても目立ったし評価がよくなって後がやりやすかった、というような話を後から学生がしてくれます。

メモの効用は、先輩や上司がしっかりと伝える必要があると考えています。

基本編――キーワードを中心に取る

では実際にメモはどう取るか？

話の中に出てきた固有名詞や日付、時間や数字は忘れないようにしっかりと書き込みます。

そして、キーワード。前の話に出てきた「要約力」にも関係しますが、話の中で大事だと感じた言葉、印象の強い言葉をキーワードとして書き込みます。

たとえば「段取り八分《はちぶ》」という言葉を相手が話したら、さっと「段取り八分」という言葉をメモします。会話というのはどんどん流れていきます。録音した音声なら巻き戻してもう一度再生することが可能ですが、会話の場面では不可能です。

漠然と聞いていたら、そのまま流されて行ってしまうような言葉をさっとすくい上げる。魚をすくって生簀《いけす》に入れておくみたいな、そんなイメージでメモを取る。

そうやってすくい上げた言葉を、今度は自分なりに解釈して、相手に投げかけるのです。

「先ほどおっしゃった段取り八分というのは、例えば職人さんの世界で言うとこういうことでしょうか？」

とキーワードを挙げて話を広げていく。

メモを取らないと、その言葉は話の流れの中で忘れられてしまうことが多い。印象に残った言葉を書きとめ、つなぎとめることで、話を展開することができるわけです。

しかも相手は、自分の言葉を繰り返し、解釈を添えた上で投げ返されるので、話を真剣に聞いてくれている、理解してくれていると感じるわけです。

上級編――自分の発想を書く

さて、ここまではメモの基本編です。

上級編は相手の言葉をメモするだけではありません。その言葉をもとに思いついた発想や気づきをメモするのです。

相手の言葉やキーワードを書き込むと同時に、自分の頭の中でそれを膨らませていく。先ほどの「段取り八分」という話なら、自分の周りで段取り上手な人のことを思い浮かべてみる。あるいは自分が段取りできていなかったために失敗やミスをしてしまった経験を思い出して書き込む。

その際、書き込むときは違う色のボールペンを使う。青とか緑とかですが、そうなると3～4色のボールペンがやはり使い勝手がいい。1色の場合は、exampleのex.のような記号を最初に書いておきましょう。

いずれにしても相手の言葉ではないことがすぐに分かるようにすることが大事です。その上で話の流れを見て、

「私の場合、以前に段取りを怠ったことで、これこれこんな失敗をしてしまいましたが、つまりはこういうことですか？」

と具体的な例を挙げて話を広げていくのです。

会話というのは、抽象化と具体化を行きつ戻りつすることだと考えてください。

「段取り八分」という言葉自体は一般的で慣用的、それゆえ抽象的な言葉ですが、それを具体的な実例に落とし込んで、「つまりこういうこと？」と投げ返すのです。

その往復を可能にするのがメモなのです。

「触発」を生みだすエキサイティング会話術

メモの初心者は、相手の言葉を書き込みます。

上級者は相手の言葉だけでなく、聞きながら自分が気づいたことや思いついたことを書き込みます。私の場合は6割ぐらいは自分の思いついたことで、相手の話は4割くらい。ときには思いついたことが8割に達することもあります。

そうなると会話はとてもエキサイティングなものになります。相手の話に触発されて想像力がどんどん膨らんでアイデアが生まれてくる。

「触発」は私の好きな言葉です。

相手の話が起爆剤になって自分の想像が膨らみ、それを相手に返す。すると相手もそれに「触発」されて新たな発想を投げ返してくる。

触れることによって何かが新たに生まれることが「触発」です。とても創造的でいい言葉だと思いませんか？　英語でいうところのインスパイア。刺激を受けて鼓舞（インスパイア）されて、直観やアイデアが浮かぶ。インスパイアされて出てきたものがインスピレーションです。

ここまで来ると、もはやメモするというのは受け身の行為ではなくて、非常に前向きで積極的な行為だということになります。

メモのコツは、キーワードを見つけてピックアップすること。無理に文にすることはない。キーワードで共感し合い、話を展開するわけです。

こういうメモの習慣を身につけるだけで、その人の雰囲気もガラリと変わる。積極的な明るいイメージの人物に変わるのです。

冒頭の、メモを取るのが上手な新聞社の方からは、まさにそのような前向きで積極的なオーラが出ていたわけです。メモという行為がその人のキャラクターまでも決定する。行動や行為がその人を作り上げるという、とてもいい例だと思います。


メモを取り、それを有効に活用することで、仕事の仕方そのものも変わってきます。前に家を建て替えた際、建築関係の方と付き合いがありました。

家の中の水回りや玄関周りなど、こんなふうにしたいという私との会話を、しっかりとメモを取る方がいました。

夕方、社に戻るとそれをパソコンで打ち直して、箇条書きにしてメールで送ってくれるのです。「今日のお話の要点はこういうことですね」と確認をするわけです。

何をどこまで話したのかよく分かりますし、その人に対する信用度も上がります。

これがメモも取らずその後も何の連絡もないとなると、話を聞いてくれていたのか？　こちらの意図は伝わっているのか？　と不安に襲われてしまいます。

そうでなくても聞き違いとか記憶違いは多いもの。おそらくその方も過去にそのようなことでトラブルがあり、苦い思いをした経験があったのでしょう。そこで細かいこともメモを取り、その日のうちに確認するというスタイルを築き上げたのだと思います。

コミュニケーションは、相互の行き違いを少なくするためのものでもあります。その意味でも、こまめにメモを取ることが大事な「技」になってくるわけです。

CHAPTER6

話す力

1

プレゼン力、コメント力がアップする「15秒ルール」

時間を意識する

コミュニケーションのもう一つの柱となる力が「話す力」です。この力をどうやって伸ばすか？　それは「時間に対する意識」だと言ったら、意外でしょうか？

ほとんどの人は、会話の中で時間を意識することはありません。自分が話しているときは1分でまとめようとか、30秒でまとめようとは考えないのではないでしょうか？

時間の意識がないから漫然とまとまりのない話を続けてしまう。もちろん気の置けない仲間との雑談なら、それほど厳密に意識する必要はないかもしれません。ただし、仕事におけるコミュニケーション、とくに会議での発言やプレゼンなどでは、決められた時間内にいかに上手く話をまとめるかが大切になります。

私は常にストップウォッチを持ち歩いています。たとえば取材などでインタビューを受けたとします。30分の中で5テーマを話さなければならない。すると前後のつなぎや誤差を考慮すると1テーマ5分で話す必要があります。

そこでストップウォッチの登場です。話すと同時にピッと通して、つねに時計の針を意識して5分で話し終わるようにする。話し終わったらピッと押して止める。

時間を意識することで、話の構成を自然に考えるようになります。最初のつかみと導入で約1分。主題とその展開で約2分。その後別な視点で話を展開することで1分。最後の結論で1分というように。

すると無駄な時間を使わないようになるし、話も論理的に整理されたものになる。すなわち上手に話ができるようになる。ところが日常の会話で時間を意識しないと、漫然と話しダラダラとした展開になってしまいがちです。

すでに少し紹介しましたが、学生やセミナーの参加者によくやってもらうのが、**15秒プレゼン**です。15秒で自己紹介をしてもらったり、15秒1テーマで何かを語ってもらうのです。すると、意外に15秒できちんと話すのは難しいとわかります。

学生さんもセミナー参加者の若い社会人の人たちも、最初はほとんどうまくいきません。もたもたしてしまい、前置きだけで15秒が終わってしまったり、あたふたして話が流れていかなかったりします。逆に「これこれ、こんなことがありました」と結論だけでは3秒で終わってしまいます。

ところが4回、5回と練習していくと、これがびっくりするくらい上達するのです。15

秒という時間がどれくらいなのかが実感としてわかるようになります。すると起承転結をそれぞれ何秒かで配分して構成できるようになる。

たとえば「最近の若者について、皆さんはどんな印象をお持ちでしょうか？」などと問いかけを3秒ほど入れる。次に「ふつうはこれこれこんな印象が強いのではないでしょうか？」と振っておいて、「ところがこの前こんなことがあって、自分は改めてこう思いました」と結論に持っていく。

問いかけから展開、結論まで15秒できれいに1テーマを述べることができるようになるのです。話の流れに無駄がなくなると、意外に15秒という時間は長いことに気がつきます。その気づき自体が、コミュニケーションのレベルが上がった証拠です。

テレビに出演して15秒ルールに開眼！

「15秒ルール」に気づいたのは、テレビに出るようになったことがきっかけです。私は様々なテレビに出演して、コメントを述べたりする役が多かった。

録画番組の場合、コメントが15秒以上の場合はカットされていることが多い。実際テレビで一人の人が15秒以上話していると、とても長く感じられます。

MC（司会者）から何か振られたら、その場の状況にふさわしいコメントを15秒以内で話す。パッと出てパッと引っ込む。そのリズム感が大事で、それが保てるのが15秒以内だということに気が付いたのです。

いつまでもグズグズと自分の話を続けるのは、周りにとっても邪魔になる。とくにテレビの場合は、誰かが話しているときに割り込みはタブーです。そこで余計に時間を取ったら他の人に迷惑だし収録時間も長くなります。

コメントも、入りの時のインパクトは必要ですが、他の人がその後入りやすいように話の切り上げ方、引き方も決めておく。

スポーツでも、チームプレーのボールゲームは同じことがいえます。サッカーなどは端的で、一人の選手がいつまでもボールを持っていたらリズムと流れが作れません。下手な人ほど不必要にボールを持って他に回そうとしない。そのために、せっかく他の選手がいいタイミングで飛び出しているのに、パスしないので生かされない。

全員にバランスよくボールが回るから、チーム全体が一つの生き物のように連動できるわけです。どんどん会話のパスを回していくことで生まれるリズム感と心地よさ。まさに

ＦＣバルセロナのパス回しのような気持ちよさが生まれるのです。

15秒で1テーマを話す癖を付けると、話の〝球離れ〟がよくなると同時に、話の意味の含有率が高くなります。ダラダラと話さず問いかけから結論まで「1テーマ」が入っているわけですから当然そうなります。

「意味の含有率」とは私の造語ですが、1分間なら1分間の話の中にどれだけ意味が含まれているかということです。15秒で1テーマを語るとしたら、最大で4テーマは1分間に盛り込むことができる。会話の密度がそれだけ高くなります。

そうなると余計な言葉、接続詞や間投詞、不要な擬音語などは入り込めなくなります。「えーと」とか「まぁ」というような、とくに意味を持たない言葉が少なくなります。言い換えると書き言葉に近づいていくということです。

たとえば新聞の記事を読み上げたとします。意味の含有量は非常に高い。新聞には意味のない文章は基本的に書かれていません。話す言葉が、新聞の記事のように整然とまとまっているのが、一つの理想といえます。

ですから、新聞を音読してそのリズムや言葉の使い方を覚えるというのも、一つの練習になります。15秒1テーマで話す訓練をして、同時に新聞を音読する。すると話した言葉をそのまま記事にするようなことが可能になる。

いずれにしても時間を意識し、15秒で話をまとめることを意識することで、自分の考えや意見を簡潔にまとめることができるようになるのです。

相手に素早く会話のパスを出す

時間のサイクルが短くなり、結論が素早く求められているいまのビジネス社会では、一つのテーマにダラダラと時間をかけていられません。皆でバランスよく会話を回すことで、最短距離で結論を導く必要があります。

会話の中で一人でも話の球離れの悪い人がいると、それができません。

学生にそのことを実感させる練習として、何人かで会話をするときに、真ん中に水が入ったペットボトルを置いて、話をしている人はその間ペットボトルを持つということをやっています。

話をするときにそのペットボトルを持ち、話し終わったら真ん中に戻す。話しすぎる人は、自分がどれだけ長く話しているか実感がないことが多い。こうすることで自分が話しているという意識が高まります。「自分はまだ持ち続けている」と。ちょっと恥ずかしいという気分になり、手短に話をまとめて他の人に振る。

それをやると今度は、全然話をしない人がいることにも気づくようになります。「あれ？　そういえば彼は全く持っていないな」と。会話に参加できていない人がいるのも気持ちが悪いものです。するとあえて「どうですか？　○○君はどう思いますか？」などと振ることができるようになります。

引っ込み思案な人も、周りから振られると意外に話ができたりします。

他の人から「たしかにその通りだね」とか「私も同じように考えていました」などと言われると楽しくなってきます。

全員が盛り上がることで、会話はさらに楽しい場になっていきます。そのためにも15秒ルールで会話の球離れをよくして、パスをつないでいくことが役に立つのです。

ところがビジネス社会で上司と部下、先輩と後輩の関係になると、このセオリーが無視されるといいますか、むしろそうでない光景が多く見られます。

よく居酒屋にいくと、「だからお前たちはダメなんだよ」と上司や先輩と思《おぼ》しき人物が延々と話をしている光景が見られます。そこまではなくとも、中心的な人物が独演会のように発言し、ほかの人はひたすら聞き役に回っている。元気がいいのは話している当人だけで、周りは皆うんざりした表情を浮かべています。

やはり会話の本当の楽しさは、皆にバランスよくパスが回って、全員で盛り上がること。お酒の席では話が長くなりがちですが、その時こそ15秒ルールを思い出して、自分の話をしたらパッと切り上げてワンタッチ、ツータッチで誰かにパスを出す。

お酒の席こそ、時間を意識して話をするように心がけてみましょう。

報告も15秒で

15秒ルールは、プレゼンだけでなく日常のビジネスでの会話でも役に立ちます。一番は上司に対する報告。上司が一番イライラするのは、忙しいときに要領を得ない報告や相談をダラダラとされること。

「だから何が言いたいの？」

「結論を先に言ってくれ！」

短気な上司には怒鳴られてしまうかもしれません。

とくに現代社会はスピードアップしています。情報量も格段に増えていますから、次々に処理していかないとすぐにいっぱいになってしまう。メールだって1日に100本も200本も来て、返事を出さなくてはいけません。いろんな案件を複数同時にこなさなければいけません。

すべてがスピードアップしている時代だからこそ、15秒で簡潔に意思を伝える技術は役に立つはずです。

コミュニケーションに、時間の概念がこれほど入り込んできた時代はないでしょう。だからこそ時間を意識化することが必要。陸上競技でストップウォッチを持たずに練習するのがナンセンスなのと同じくらいに、コミュニケーションも時間を常に意識して練習することが必要です。

これを実践しているのがテレビのアナウンサーです。彼らは15秒、20秒、30秒、1分で、それぞれ話をきっちり時間通りにまとめる訓練をしています。収録であと20秒残っている、何か話をつなげてくださいとカンペが出たら、それに合わせてきっちり話をまとめることができる。

練習を積み重ねることで、アナウンサーは文字数がどれくらいなら、どんなスピードで話をしたら何秒かかるか、体感として習得しています。だから状況に応じてぴったりと時間通りに話をまとめることができる。

私たちはそこまでの領域にはいかずとも、15秒ルールを意識することで、かなりコミュニケーションは上達します。

ストップウォッチがない場合は、テレビのCMで練習することもできます。CMの短いものは15秒ですから、一つのCMの間に1テーマを話すようにする。

そもそもCM自体が、その時間で膨大な情報量を視聴者に送ろうとしているもの。15秒で何が言えるかを知りたければ、単純にCMを意識して見るだけでも参考になるはずです。

以前CMの審査員をしたことがあるからよく分かるのですが、あの15秒の中に大変なエネルギーと知性とアイデアを込めています。15秒の中にたくさんの意味やイメージ、メッセージを込めることができる。

時間を意識することで、コミュニケーション力はさらに高まるのです。

CHAPTER7

話す力

2

ユーモア力が身につく3つのコツ

志の輔さんの絶妙なたとえ話

これから私たちの社会にも、国際化の波が一気に押し寄せます。とくに外国の人たちが会話で重んじるのがユーモア力。相手のユーモアを理解し、ユーモアを使って表現する力です。

ユーモアとは周囲を爆笑させるようなギャグとはすこし違います。人間的な温かみや可笑《お》しさがじわっとにじみ出てくるのがユーモア。ちょっとした身ぶり手ぶりで、話し手が楽しそうに面白そうに話す。そんな雰囲気がユーモアにつながってくると思います。

以前、立川志の輔さんの落語の会にお邪魔したことがあります。落語では、いきなり噺《はなし》に入らないで、「枕《まくら》」という軽い雑談のような話をします。そのときは、リニアモーターカーに試乗した話になりました。

志の輔さん曰《いわ》く、直接の関係はない自分がなぜそんな試乗会に呼ばれたか？　こういう仕事だから皆に吹聴するだろうということで呼ばれたというのです。その言葉でまず会場が沸きました。

さらに試乗前の説明会が40分かかったと。ところがいざ試乗するとシューンと走ってシューンと終わった。わずか数分だけだったと。その対比でまた観客が笑うんですね。

さすがに大人気の噺家《はなしか》だけあると感心していたら、そこからが真骨頂でした。リニアモーターカーの原理の説明をしてくれたのですが、これが素人でもよくわかる絶妙なたとえ話なんですね。

リニアモーターカーの原理は、車体と地上のレールの強力な磁石が反発する力で浮上し、そのプラスとマイナスが入れ替わることで推進する。ただし、それを聞いてもなかなか頭に入ってきません。

そこで志の輔さんはリニアモーターカーを擬人化したのです。たとえば自分がプラスだったとして、目の前にいる相手がプラスだと「嫌い！」と反発するというわけです。

同時に自分が求めていたマイナスの人物が少し先にいるので「好き！」とそっちに進むと。ところがその人物の前に来ると、突然その人がプラスに変わる。で、少し前にマイナスの人物がいて、同じように進むとまたプラスに変わる。

マイナスだと思ってその人の前に行くたびにプラスに変わるので、「あぁ、ダマされた、またダマされた」と繰り返すことで加速していくのがリニアモーターカーだと説明するわけですね。私の記憶で書いたので、多少違っているかもしれませんし、面白さが伝わり切らないかもしれませんが、会場は爆笑でした。

皆笑いながら聞いているんですが、しっかりと頭に入ってくるんです。志の輔さんは文系出身だと思いますが、理科の先生よりも上手に説明できていると思いました。志の輔さんの擬人化こそユーモアの見本です。

一流の芸人は擬人化・たとえ話が上手い

志の輔さんは、原理や技術という生命のないものを人間に置き換え、命を吹き込んだ。だから聞いている方の頭の中でそれが生き生きとしたイメージとなって動き出し、理解することができたわけです。

擬人化するというのはまさにユーモア力の大きな武器です。

人に何かを伝える場合、私たちは無意識に二つの種類の言葉を使っています。一つは論理的に対象を説明する言葉。そしてもう一つは比喩とかたとえ話。

志の輔さんはリニアを人にたとえたわけですが、人に理解してもらうにはたとえ話がとても有効です。お笑い芸人でも、実力のある人は全員たとえが上手い。「まるで○○みたいやな」とか「○○かと思ったよ」というように、的確に何かにたとえる。それがあまりにも言い得て妙だから、思わず私たちは笑ってしまう。

ユーモア力を鍛えるためには、擬人化やたとえ話を意識的に使っていくといいと思います。

街で何かを見かけたら何かにたとえてみる。面白い人を見かけたら、「まるで〜みたい」と連想してみる。最初は上手くいかなくても、慣れてくるとだんだん上手にできるようになってきます。

また、写真にキャプションを入れていくのもいい訓練です。とくに最近の若い人は写真をよく撮りますが、撮って終わるだけではもったいない。その写真に吹き出しを入れてみましょう。

人間はもちろん犬や猫、あるいはモノでもいいのですが、擬人化して吹き出しを入れる。それを人に見せて、プッとふき出すかどうか？　友達同士のメールやフェイスブックのやり取りでも、つねに相手を笑わせることを目指すことで、知らないうちにユーモア力が磨かれているはずです。

言葉のリズムを変えるとユーモアが生まれる

言葉のリズムもユーモアを醸し出します。日本語の場合、七五調にした途端にユーモアを帯びます。

たとえば「火事には十分注意しなさい」というより、「火の用心、マッチ一本、火事の元」といったほうが、おかしみがあってすんなり頭の中に入ってきませんか？

川柳や俳句の独特のおかしみというのは、リズムからきているところが大きい。ですから、いろんなことを七五調で言う癖を付けてみましょう。

で、いざとなったら最後は何でも「それにつけても金の欲しさよ」で一句できてしまいます。あるいは「秋の風」とか「春の風」とつけてしまえばそれっぽくなる。

語呂合わせも面白い。

たとえば「ミッション・パッション・ハイテンション」は、仕事をする上で大切な要素を述べたものです。

ミッションとは使命や使命感。仕事をする上で自分にはどんな使命があるのか？　組織や社会の中での役割は何かを常に意識する。

パッションは情熱で、自分の仕事を情熱を持ってこなすことが大切だということ。

ハイテンションは、何事もテンションを上げて取り組むことの重要さを指します。

とはいっても、これらを個別に説明されても面白みもなければ、頭にも残りません。それを「ミッション・パッション・ハイテンション」という語呂合わせにした途端に、面白みが出て記憶に残ります。


結局、ユーモアというのはサービス精神なんです。


相手を楽しませたり喜ばせたいという気持ち。損得勘定のない素朴な気持ちです。

先日、鹿児島に講演会で行ったのですが、普通ならスーツで行くところ、午前中に地元の記念館に行ったときに買ったTシャツを着てステージに立ちました。西郷隆盛が愛した言葉「敬天愛人」(天を敬い人を愛する)が書かれているもの。聴衆の方々に喜んでもらえました。

ちょっとしたサービス精神がユーモアとなり、相手と自分のテンションを高めてくれる。それが会話を盛り上げ、円滑でいい関係に導いてくれる。皆さんも日々の会話にユーモアを常に意識してみてください。

体全体を使って表現する

会話の中でユーモアを理解し楽しめる人は、例外なく表情が豊かで、動作が大きい。

つまり体を使って表現しています。皆さんも、自分の周りの人気者や魅力的な人を思い出してみてください。例外なく表情が豊かではないでしょうか？

会話というと言葉が基本ですが、ユーモアを表現するのはじつは動きだったり、表情だったりします。昔の芸人さんは、その点非常に動きがはっきりしていて分かりやすく面白かった。

ちょっと古いですが、コント55号などは典型的でした。欽ちゃん（萩本欽一さん）が激しいアクションで二郎さん（坂上二郎さん）を挑発し、二郎さんがひょうきんな動きと表情でボケる。すると欽ちゃんが二郎さんに飛び蹴りするくらいの勢いで突っ込む。

舞台全体をところ狭しと走り回る2人のコントは、いま見ても面白いはずです。動きそのものがユーモラスで、音声が聞こえなくても笑ってしまうのではないでしょうか？ そういえば、ザ・ドリフターズも動きの分かりやすいコントで人気がありました。

ユーモアというのは、体の動きと関係がある。逆に言うなら、私たちは会話の中に動きを意識的に入れることで、ユーモアを表現できるわけです。

子どもはその点、動きも表情も豊かですね。男の子なんて小学校3年生くらいが一番元気。教えたことがありますが、まぁ、本当にうるさい。この時期は女子より元気です。エネルギーにあふれていてうらやましくなってしまいます。

ところがここから年を重ねるほど男子は元気を失っていくんですね。思春期を経るにつれ口数が少なくなり、表情も乏しくなっていく。中高年の男性たちに至っては、もう完全に凝り固まっているという感じです。

私の中で一つの法則があるのですが、**45歳以上の男性はたとえ普通にしていても不機嫌に見える。**

その点、女性は歳をとっても元気です。私はよくカフェで原稿を書いたりしますが、中年の女性の集団が来るとずっとしゃべっているし、笑い声が絶えません。

講演でも中高年の男性ばかりの圧力はすごいものがあります。全員が無表情で無言。私がギャグや冗談を言うほど冷めていく。

ただし私は負けません。「どうもみなさん硬いですね。ちょっと体をほぐしましょうか」

と言って全員立ってもらうんです。

「みんなその場でジャンプしましょう」

いいおじさんたちが最初はいやいやながらジャンプする。するとしだいにほぐれて表情が柔らかくなる。そこからは私がちょっとした冗談を言っても、声を出して笑ってくれるようになります。

ちなみにおじさんたちだけじゃなくて、今の若い人たちも硬い人が多いような気がします。私が冗談を言っても反応が薄い。

「あれ？　皆さん、今のところは笑うところですよ。笑わないというのは皆さんがボーッとしているか、私に敵意があるか、どちらかです」

と言って、もう一回同じギャグを言うからみんなで大声で笑ってくださいとお願いします。

無理矢理でも声に出して笑うと、不思議に気分が明るくなります。声に出して笑うというのも運動ですが、体を動かすということが、生き生きとした会話にはとても大切な要素なのです。

CHAPTER8

その他の力

1

新しい人間関係に
強くなる
「修正力」

最初は「できる人」より「話せる人」を

社会人1年生はもちろん、転勤や転職などにより新しい組織で仕事を始めることは、誰もが経験することだと思います。その時に最初の印象がとても大切です。

職場で最初に判断されるポイントは、大きく二つあります。一つは仕事がテキパキとこなせる人物かどうか？　もう一つはしっかりコミュニケーションが取れる人物かどうか？　つまり人柄です。

職場で人を判断する際、私たちはこの二つの軸のマトリックスで判断しています。「仕事ができて人柄もいい」なら、これに越したことはありません。「仕事もできずに人柄もよくない」となったらこれは論外です。

「仕事ができるけど人柄がよくない」、「仕事はできないけど人柄はいい」というのは微妙で、会社の中でその人が何を求められるかによって違ってきます。

ただし、最初、会ったばかりの時は人柄、コミュニケーション能力のほうが重視されます。

ですから第一印象をよくするには、コミュニケーション能力があることをアピールした方が効果的。「この人となら一緒にやっていけそうだ」という安心感をまず周囲に与えることが大切になります。

そのために重要なポイントになるのが声。トーンを少し上げる。とくに日本人の場合は少し高くて明るい感じの声が好まれます。

よく女性が電話に出ると、声のトーンが少し上がりますね。あまりの違いに横で聞いている家族があきれたりすることもありますが……。

ちなみに、欧米の場合は成熟した女性の声として、少し低いくらいのほうが好まれるようです。文化的な違いもあるかもしれませんが、日本の場合は低いと「機嫌が悪いのかな」とか、「暗い人なのかな」というイメージを持たれがち。そこで無意識に相手の印象をよくするためにテンションを上げるわけです。

よく「場を温める」と表現しますが、学校でも職場でも、人が集まる場を盛り上げるには、全員が少しずつテンションを上げる必要があります。みんなでちょっとずつ温め合おうという意識が、組織や集団の中では必要。それに進んで協力するという姿勢が、協調性がある人、コミュニケーション能力の高い人物だという評価につながります。

単純なことですが、声に張りを持たせて明るくあいさつしましょう。「そんなことは当然やっているよ」という人もいるかもしれませんが、朝、出社して職場全体にモゴモゴと言っていませんか？

全体に向かってあいさつするのではなく、一人ひとりにちゃんとあいさつをすると印象がかなり変わります。その際あまり大声だと取ってつけたようで、逆に煩わしい感じになる。あくまでもさりげなく、適度な大きさの声であいさつする。

席に着くまでの間に通り過ぎる一人ひとりに「おはようございます、おはようございます」と軽く会釈しながら自然にできれば、とても好感度が上がります。

とくに新しく入った組織では、いきなり集団になじもうと「全体」を考えがち。そうではなく一人ひとりとまず関係を作っていく。個別にあいさつするのはその第一歩なのです。

初日で相手の顔と名前を一致させる

コミュニケーションの基本は、相手の存在を認め、受け入れることです。教育実習に行く学生にアドバイスするのは、「できるだけ初日で、生徒の顔と名前を一致させるようにしなさい」ということ。

なかなか難しいのですが、中にはちゃんとできる学生がいるのです。すると実習が終わって3週間後に評価表が上がってくると、「初日に生徒の顔と名前を一致させていた。とてもやる気と情熱にあふれていた」というように、たいへんな高評価です。

会話の中でさりげなく相手の名前を入れていく。相手も自分を認めてくれたという満足感がありますし、口にすることで顔と名前を覚えることができます。

名前を覚え、それを会話の中に入れていくというのは、苦手な人と関係を持つ時にも有効です。

私たちは、どうしても苦手な人を避けようとします。そこでますます苦手意識が強まってしまう。名前を意図的に口にすることで、苦手意識が軽くなっていくのです。

相手も名前を呼ばれて当然機嫌がよくなりますから、相乗効果で関係がよくなっていく。大体苦手だなとか、変な人だなと感じる人は、周囲からもそう思われていることが多い。積極的に関わっていこうとする人が少ない分、その人にとっては新鮮で好印象になります。

この人との関係をちょっと深めたいという時に私がよくやるのは、軽い相談事を持ちか

けること。

重要で面倒な相談事は相手の負担になりますから、プライベートでのちょっとした失敗談だとか、たわいのないものでいいのです。

それほど負担にならない内容なら、誰でも相談されて嫌な気にはならないはずです。そこで相手が自分の体験談を話してくれたら、「あぁ、なるほど、そうやればいいんですね」「それは確かにいい方法ですね」と持ち上げる。「助かりました。ありがとうございました」と言えば、相手は役に立ったと感じて気分がよくなります。

恩に着せられて厄介になりそう？

実際はそんな人はほとんどいません。相手にパスを出してシュートを決めてもらう。アシストするくらいの感じで、上手に相談を持ちかけることで関係がグッと深まります。

柔軟性と「修正力」が不可欠

新しい組織や人間関係の中で求められるのが「柔軟性」です。それぞれの会社には会社の、部署には部署のやり方や人間関係があります。見えにくい暗黙のルールのようなものもあるでしょう。そういうものに順応する力があるかどうか？

とくに30代半ばを過ぎて異動したり転職すると、「自分のやり方はこうだ」とか「前の会社ではこうしていた」と頑なに過去のやり方に固執する人がいます。こういう人は、どんなに仕事ができても煙たがられ敬遠されてしまいます。

職場や部署のやり方に合わせる力を持つ。自己イメージとかいままでの自分にこだわらない。「修正力」と私は呼んでいますが、新しい組織や人間関係ではこの力が大変重要です。

組織のルールややり方、そこで自分が何を求められているかといったことは、場所が変われば自ずと変わるのです。それを素早くキャッチして、機転力を働かせて対応する。本当に仕事ができる人というのは、相手に合わせる「柔らかさ」と「修正力」を持ち合わせている人です。

一番厄介なのが「俺がこの組織を変えてやる」というような野心を前面に出す人。サッカーの監督でも、いきなり選手を全員取り替えるような乱暴なやり方をすると、結局いろんな人の反発でうまくいかないということがあります。

ビジネスの現場でも、上司に当たる人物が異動した先で「変えてやる野心」をむき出しにするケースがあります。自分の立場が上でも、新しい組織に入ったときは、まず虚心坦懐にその組織のやり方やルールを知ろうとすることが大切です。

古株やキーマンがいたら、まずは尊重して彼らのやり方をしっかりと聞くこと。場合によってはそれに学ぶくらいの柔軟性と器があった方がうまくいくことが多いと思います。その上で少しずつ変えていくほうが成功する確率は高いでしょう。

新たな組織に飛び込んだ時は、自分の経験値ややり方を前面に出すのではなく、柔軟に変えていくことができる「修正力」があることをアピールする。「この人は柔らかいし、修正力がある」と周囲の人は安心し、信頼してくれるようになります。

「知らないことは何か」を知る

新たな組織に入ったときのNGワードは「分かっています」「知っています」という言葉です。つい口にしていませんか?

「そんなことは分かっている」と口にしたり、そういう態度が表に出ると、当然のことながら周りの人は「じゃあ勝手にしたら」「好きなようにやれば」とその人を突き放します。

『論語』の中で孔子は「これを知るをこれを知ると為し、知らざるを知らざると為せ。これ知るなり」と言っています。知っていることと知らないことの区別がついている。まさに分別ですが、分別のある人が本当の智恵のある人物だということです。

科学の世界は、まさにその線引きがあるから成り立っています。ここまでは知っているけれど、ここからは未知の領域であると。それが明確だから発展する。

会社や仕事においても、知っていることと知らないことの線引きをする。そのためには自分の知っている範囲を確認する必要があります。上司や周囲の人にマメに聞いて、確認をする。

たとえば企画書を書いて上司に提出するとします。ところがどうも上司がいい顔をしない。何か不満がありそうだとなったら、どこに問題があるのかを素直に聞くことです。「もう少し具体例を挙げてほしい」とか「書式が違っているので修正するように」と言われたら、「分かりました。たとえばこういう感じでしょうか?」と、その場で上司の意図をはっきりと確認する。

その上で素早く企画書を修正して再提出し「これで大丈夫でしょうか?」と再確認する。こういう人はとても印象がいいはずです。最初はできていなくても言うことを聞き、一生懸命修正しようという態度が見えます。

真面目に改善しようという素直さと前向きさ。上司からしたら可愛い人物に映るでしょう。

あるマッサージ店の女性の店長に話を聞いたことがあるのですが、主力の人が抜けてしまい、新しい人を採用しなければならないと言うので、「やはりマッサージが上手な人を採用するのですか？」と聞いたら、即座に返ってきたのが「上手いかどうかよりも、真面目かどうか」だと言うのです。

下手にキャリアがあると自分流で扱いづらいらしいのです。それよりも1年くらいの駆け出しのキャリアで構わないので、こちらのやり方を一生懸命に学び、新しいやり方を素直に吸収できる人がいいというわけです。

つまり、やり方を学ぶ**「柔軟性」**と、**「修正力」**がある人ということ。どの世界でもやはり求められるものは共通しているなと感じました。

「テン・シュ・カク」の法則

新しい組織でいかに人間関係を築き、仕事を覚えていくか？

まずはあいさつをしっかりする。場を温め周囲と協調するための**「テンション」**を保つこと。柔軟に対応する**「修正力」**を身につけること。そして、ミスが起きないよう、しっかり**「確認」**すること。

「テンション」「修正」「確認」の三つの頭文字を取って、私は**「テン・シュ・カク（天守閣）」**という言葉を作りました。社会に出る学生たちに、ぜひこの三つを頭に入れて新しい職場、人間関係の中で頑張ってもらいたいと、この言葉を伝えています。

このような語呂合わせのような標語にすることで、頭にしっかりと刻み込まれるでしょう。付箋に書いて机だとかノートだとか、仕事の際に目につくところに貼っておくこともお勧めです。

「テンション」「修正」「確認」。自分のやり方に固執するのではなく、柔軟に組織と環境に順応する。そこで人間関係を築いて、立派に仕事をこなす。皆さんもぜひ意識してみてください。

CHAPTER9

その他の力

2

「観察力」で相手を正確に把握する

欠点を指摘すると授業に来なくなる学生が増えた

ビジネスパーソンでもとくに40代以上のベテランになると、20代の若い部下と上手くコミュニケーションができないという人が多いようです。私は大学で各時代の若者と接してきていますから、彼らの変化と変遷がよく分かります。

ここ最近、もっとも変わった点は何か？　それは間違いや欠点、弱点などを指摘した時の反応です。

「発表の準備をもっとしっかりやって」とか、「データが足りないよね。もう少し増やした方がいい」と授業で指摘する。ところがそれをやると、次の授業から出て来なくなる学生が増えてきたのです。

教師が生徒に指摘するのは当たり前だと思っていましたし、はっきり言った方が相手にとってもいいと考えていました。昔の学生などは「多少きつく言ってしまったな」と思っても、一緒にコンパなどで飲んだりして、後を引くことはなかった。ただし昨今の若者はちょっと違う。

いまの学生は基本的に真面目です。真面目すぎて、あまりにもこちらの指摘を重く受け止めてしまう。とくに授業など皆が見ている前で指摘されたり注意されると、自分はダメだとか、恥ずかしくて顔を出せないと思いつめてしまうのです。

いまの若い人はひとりっ子が多く、親に甘やかされて育った人が多いという背景もあるでしょう。ほとんど叱られたことがない優等生が多いということもあるかもしれません。

ただし、だからといってそこで「いまの若者は……」などと非難したり否定しても仕方がありません。いまの若者がそうであるならば接し方を変えればいい。私の方から変えていこうと思いました。

まず大勢の前で一人を注意することは止めました。かりにA君の発表の内容に対する指摘であっても、「皆さん、発表はプリントをしっかり準備してください」と、全員に向けて伝えるのです。

どうしても個人的に伝えたいときは、誰もいない場所で指摘する。あるいはレポートを返す時に、赤字でその点を指摘してやればいい。

逆に優秀なレポートや面白い発表に対しては、皆の前で名指しで褒める。「Bさんのレポートは非常によくまとまっていて、視点も素晴らしかった」と。また指摘したことがちゃんとクリアできたレポートに対しては、「C君のレポートは、この前の注意をしっかり反映していて、論旨が明快でよかったです」と皆の前で褒める。

「注意する時は名前は伏せ、褒めるときは名指しで」

これがいまの私の授業での鉄則になりました。おかげで授業に出なくなる学生はずいぶん減りましたね。なによりよかったのは全体の雰囲気が明るく積極的になったことです。

相手を変えるのではなく自分を変える

コミュニケーションというのは、あくまでも情報を共有し、関係性をよりよくするためのものです。だとしたら相手を変えようとするのではなく、自分が変わった方がずっと手っ取り早い。

ところがたまに「部下の性根を叩き直してやる」というような熱血上司がいて、「お前の考え方が間違っている！」と頭ごなしにやる人がいます。そうなると部下も頑なになり、上司はますます怒りだす……。

それでは本来のコミュニケーションの目的から外れてしまいます。相手を無理やり変えようとするから上手くいかず、イライラして関係が悪化する。そんなことにエネルギーを消耗してしまうくらいなら、自分が変わってしまった方がいい。

どう自分を対応させ変化させていくか？　それには相手をよく見て、その特徴や性質を知ることが前提です。相手が上司であろうと部下であろうと、どういう人物で何を好み、何を嫌がるのか？　冷静に分析し見極める。

その際のポイントは二つ。

一つは、相手がストレスに感じていることは何かを知ること。

ストレスに感じるものは、人によって微妙に違います。

たとえば、細かく指導するとプレッシャーに感じる人もいれば、逆に任されて放っておかれると不安になりストレスになる人もいます。

仕事を同時にたくさん抱えると過剰にストレスに感じる人もいれば、逆に仕事が人より少ないと「自分は干されているのでは？」とストレスを感じる人もいる。

何がストレスになるかは、その人の性格やこれまでの人生の経験によって、それぞれに違っているのです。

相手がストレスになることが何かが分かれば、それを避けるようにすることでコミュニケーションも人間関係もスムーズにできます。それを知らないと、なぜ相手が機嫌を損ねたのか、急にやる気を失ったのかが分からない。

それどころか「ふてくされて、俺に対して文句があるのか?」と、感情的なレベルで相手を判断してしまいがちです。

もう一つは、相手のコンプレックスは何かを知ること。

学歴なのか容姿なのか? あるいは出身や家族などの自分のルーツに関わるものかもしれません。また人によっては経済状態や異性に対するものもあるでしょう。

コンプレックスとは地雷のようなものです。知らずに踏んでしまうと大変な事故が起きてしまいます。

コンプレックスは人には隠したいものであり、自分の中でも見えないように抑えている部分でもあります。

人が本気で怒りだすのは全くのでたらめを指摘されたときではなく、本当のことを指摘されたときです。ですから相手と良い関係を築こうとするならば、相手のコンプレックスをそれとなく察知しておいた方がいい。

その上でその部分に関してはできる限り触れないようにする。やむをえず触れる場合には直接的な表現は避け、婉曲《えんきょく》的な言い回しを心がけるようにするべきでしょう。

相手のストレスやコンプレックスを見抜く

ストレスやコンプレックスといった、相手のデリケートな部分を見抜くにはどうすればいいか？

私は「科学者の目」が大切だと言っています。別にむずかしいことではありません。簡単に言えば観察と実験。

たとえば古代ギリシャでは、重いものを落としたら重いもののほうが早く落ちると思われていました。それはしっかり観察をしていなかったから。

ところがガリレオがその常識を覆すわけです。ピサの斜塔から大小の球を落とし、重さに関わらず二つは同時に地面に落下した、という伝説があります（実際には斜面で実験したようです）。

天体をしっかり「観察」し、データを採るため、望遠鏡を開発しています。

科学者は自然をまず客観的に観察し、そこから仮説を立て、実験と検証を繰り返すことで法則性を見つけ出していきます。

この科学の方法論をそのまま人間観察、分析に取り入れるのです。

まず相手をしっかりと観察する。**ふだんの相手の状態を観察し、精神状態がフラットなときの反応や言動を把握することです。**そして頭の中で、その人の様子がありありと思い描けるようにしておきます。

すると、会話の中で反応や言動がいつもと違うと感じるときがあります。ちょっとした違和感とでもいいましょうか。

たとえばあわてて話題を変えたり、表情が曇ったりする。顔の筋肉がピクッと動く、チック現象が見られたりすることもあります。

心理学的には、表情よりも手足の動きに精神的な動揺が出るといいます。

手や指をしきりにさすっていたり、足を貧乏ゆすりしていたり……。これらはストレス反応ともいわれますが、その時の話題がストレスに感じるものだったり、その人のコンプレックスに関わる部分だったりすることが多い。

また、いつもはそうでもないのに、やたらに偏った考え方をしたり、自分の意見に固執するときがあります。

「いや、それは絶対に違うと思います」

「絶対に、あの人はこんなふうに考えているはずです」

会話の中で「絶対」とか「必ず」とかしきりに強調表現が入る。そういう対象に対して何らかの偏った思い、コンプレックスがあると推測できます。

また論理が飛躍している場合もあります。

「官僚は杓子定規な人ばかりでしょう」

「お金持ちは自己中心的な人しかいませんよね」

本来はもっと柔軟な発想やニュートラルな思考をする人が、突然極端な意見を言ったりするときがありますが、その時の話題やテーマがその人のコンプレックスに関係している可能性が高いのです。

この場合、「官僚は杓子定規」と決めつけるのは、エリートに対するコンプレックス、さらに言えば学歴コンプレックスが強いのかもしれません。

お金持ちは自己中心的な人ばかりではないはずですが、そう決めつけるのは、お金持ちに対する憎悪、つまりお金に対するコンプレックスが強いと考えられます。

このように観察を通して、相手がストレスに感じるものは何か？　コンプレックスに感

じているものは何かを推論し仮説を立てる。

科学の場合は、ここで実験をして確かめるのですが、相手のストレスやコンプレックスが何かをあえて自ら実験することは危険だし、人を測っているようで決して気分の良いものではありません。

日常の会話や仕事のなかで相手を観察し、仮説が立ったらそれを意識して相手に対応すれば十分です。

美人を口説くには正面からではダメ

相手が嫌がるものを見分けると同時に、相手が喜ぶこと、得意としていることを見極めることも大切です。

この部下は人間関係が上手で根回しが上手いとか、あの上司は企画書をとにかく早めに出すと機嫌が良くなるとか。

これもまさに科学の目で、観察と仮説、そして実験です。たとえば会議で、どうも自分の意見が通らない。同僚の一人の意見はやたら採用されるのに、自分の意見には上司がいい顔をしない。

どうも見ていると、同僚は会議の前にしきりに上司と話をしている。会議で出す意見を事前に相談しているのではないかと仮説を立てます。そこで実際に自分も会議の前に上司に相談してみる。実験ですね。

すると急に上司の機嫌が良くなり、会議で意見を言ったところ評価されたと。仮説が正しいと検証されたわけですが、このように人間関係で相手が得意とするところや喜ぶポイントを、**観察→仮説→実験→検証の手順で**見極めることができます。

たとえば綺麗《きれい》な女性にアプローチしようと、男性が「きれいですね」と褒めたとしましょう。すると残念ながら素っ気ない反応しか返ってこなかった。そこで落ち込むのではなく、容姿とは別の点を褒めたら喜ぶのではないかと考える。

で、「頭のいい方ですね」と褒めてみる。これも一つの実験です。すると「そうですか？　そんなことはないと思いますけど……」と嬉しそうな顔をするかもしれません。

だいたい美人は「きれいですね」と言われ慣れていて新鮮でないのと、相手が下心で言っているのではという警戒心から、素直に喜ばないこともあり得ます。そこで別な部分を褒めてみると、意外に喜んでもらえるツボだったりします。

ひと言ひと言が実験だと思って言葉を投げかけ、結果をフィードバックしていくのです。

その積み重ねで、相手が喜ぶポイントや、得意分野を見極めることができるのです。

部下の得意分野を見分ける最善の方法

相手が得意とするものを見分ける簡単なポイントをお教えしましょう。とくに部下を持つ上司には役に立つポイントだと思います。

どんな仕事をしているときにスピードアップしているか？　その速さをチェックするのです。

企画書なのかアポ取りなのか？　あるいは根回しなのか？　人それぞれにスピードが速い仕事が違うのですが、基本的に速くこなしている仕事を得意としているケースが圧倒的に多いといえます。

部下の得意な仕事が分かれば、それを褒めることで、モチベーションをアップさせ、さらに得意分野として確立させることができるかもしれません。喜んで仕事をこなしてくれれば、上司としても部署や会社としてもプラスです。

コミュニケーションも仕事も、相手をどこまで正確に分析し、読めるか。そこにかかっていると言っても過言ではありません。それには**観察→仮説→実験→検証**の科学の目が必要です。

じつはそうやって相手を見極める癖をつけると、もう一つの大きな効用があります。

それは、相手の言動にいちいち感情的に反応しなくなること。

思考が科学的ですから、感情的に流れず分析的にロジカルになる。すると客観的で冷静になります。

感情的な言動に走らない人は、周囲からの評価も高まりますので、相乗効果的にコミュニケーション力は高まっていくのです。

できる上司は部下のコンディションに敏感

コミュニケーションが上達する条件として、相手の性格や気質を見極めるのと同時に大切なのが、相手のコンディションを見極めることです。性格や気質は基本的に変わらないものですが、コンディションは常に変化します。

相手はいまどんなコンディションなのか？　それを見抜くことがコミュニケーション成功のカギだといえるでしょう。

対面したときに、相手の表情や顔色、様子などを見て、調子がいいかどうかを判断する。調子が良さそうなら、こちらもテンションを上げて会話をする。逆に調子が悪そうなら早めに話を切り上げたり、相手が気にしそうな話題に触れないように心がける。

有能な上司というのは、部下の才能を見抜く目を持つと同時に、その時々の相手のコンディションを見抜く力も持ち合わせているものです。

どんなに才能がある人材でも、コンディションが悪いときにたくさんの仕事を任せられると、ストレスになって失敗してしまう可能性があります。

逆に多少実力は劣る人物でも、コンディションが良くやる気に溢れている状態ならば、思い切って仕事を与えてみる。そういうときは多少負荷がかかるくらいのほうが思わぬ成果を上げたり、一気に成長したりするものです。

上司や部下、同僚と職場で会ったときに、相手がいまどんなコンディションか、察知することができますか？

鋭い人は、朝あいさつした瞬間に相手の健康状態や精神状態が分かるといいます。

家で心配事があるのではないかとか、最近生活が乱れ気味なのではないかとか、少し精神状態が不安定だなとか、相手のその日のコンディションを読んでコミュニケーションの仕方を変える。また仕事の配分などを変えたりするそうです。

チェックポイントはまず表情で、目に力があるか。目線の動きもきょろきょろせず落ち着いているか。顔色もくすんでいたりクマがあったりせずに張りや艶があるか。声の張り具合はどうか。服装や髪形も乱れがなく清潔できちっとしているか。

生活が乱れたり、精神状態や体の状況が乱れると、これらのいずれかに必ず表れます。部下を持つ上司は、毎朝さりげなく部下たちの様子をチェックする必要があります。

スピードが遅くなっていたら要注意

外見だけではなく、仕事のこなし方で見分ける方法もあります。それは仕事の速さと疲れ具合。前にその人の得意な分野や才能は仕事の速さに表れると話しました。同時にその疲労度に表れます。

先日タクシーの運転手さんと話をしていて、「長時間運転をして疲れませんか？」と聞いたら、「いや、それほどでもないですよ」という返事。腰痛などもないというのです。これは運転の才能があるということ、その仕事の適性があるということだと私は考えます。

才能というと、何か人には真似できない優れたものを作ったりするイメージがありますが、私はそれとは別に、**同じことをやっているのに疲れない、何時間も続けても苦にならないというのも、才能や適性があることの証明だと思います。**

たとえば事務作業でも、毎日伝票整理をしているのに肩が凝らないとか、パソコンに何時間も向かっていても目が疲れないというような人は、その仕事に対する才能があるといってもいい。

ところがふだんは難なくこなしていた仕事も、コンディションが悪化すれば当然遅くなるし、疲れやすくなります。いつもあれほどテキパキやっていたのに、いったいどうしたのかと思う。

ここで、「アイツ、いつもはちゃんとやっているのに、今回は手を抜いているな」とか、「なんでやる気がないんだ」と短絡的に考えてしまう人は、残念ながら上司としての資質は低いと言わざるをえません。

そうではなくて、まずその人のコンディションが落ちているのではないかと疑ってみる。相手を責めるのではなく、部下のコンディションが落ちている原因を見極め、適切に対処するのが、上司の役目なわけです。

部下はストレスや悩みを抱えているのかもしれません。あるいは健康上の問題があるのかもしれない。花粉症でだるくなっているのかもしれないが、自分が花粉症でないとなかなか分からないものです。

いずれにしても、先手を打って何らかの対応をするべき局面です。

そういう場合は、さりげなく相手をお茶や食事に誘ってみるとか、お酒が好きな相手なら「ちょっと軽く飲みに行こうか」と誘ってみましょう。

CHAPTER10

その他の力

3

相手の本音を
正しくつかむ
「キャッチ力」

自分に好意を持っている相手を見分けるには

以前、大学生の飲み会の場に居合わせたことがあります。男女が半々で合コンみたいな感じでした。面白いことに女子学生の反応を見ていると、誰に好意を持っているかがすぐ分かります。

ある女子学生は、B君が話しかけても受け答えがぞんざいで会話が続かない。ところがその彼女はA君に対してはしきりに話しかけたり、質問しているんですね。興味があるから質問する。異性にしきりに質問されたら、その相手はあなたに好意を持っていると思ってもいい。

そうでなくても、表情や目線を見れば如実なんです。基本的に彼女はA君の方しか見ていない。B君には話しかけられたらチラッと見る程度。そしてA君が話すとその内容に素早く反応する。

私から見ると明らかなのですが、鈍いのは男子学生のほう。B君は冷たくあしらわれているのに気が付かず、やたら彼女に話しかけるし、A君はA君で、彼女の気持ちに気が付いてないようでした。

会話をする上で相手の気持ちや真意を、言葉だけでなく表情やしぐさ、雰囲気などから読み取ることはとても大切です。

なぜか意思疎通がうまくいかないという人は、言葉だけを聞いて判断しているケースが多いようです。

「嫌よ嫌よも好きのうち」という言葉がありますが、言葉だけでは真意を外してしまうことがある。

その点、恋愛というのは言葉以外の情報を汲み取る「キャッチ力」がポイントになります。モテる人というのは「キャッチ力」が優れていて、相手のちょっとした心の動きをつかむのが上手な人だといえます。

ふつう、モテるとかモテないというのは見た目が大きいように思われていますが、学生などでも決してイケメンといえないのになぜかモテる男子がいるんですね。すべての女性にモテるわけではないのですが、いつも彼女がいる。

結局、相手の表情から気持ちを読み取るのが上手いのです。たとえば飲み会などで、自分に笑顔で話しかけてくる。そして自分の話に乗ってくれて笑ってくれる。彼の場合はそういう女性にフォーカスするんです。

やはり男性でも女性でも、好意を持っている相手に対しては、表情が変わりますからね。目の輝きが変わるし笑顔になります。興味がない相手に関してはやはり冷淡というか、そこまで表情が豊かになりません。

モテ男君は脈がなさそうな相手には向かいません。自分に興味を持ってくれている女性にだけアプローチをするので、成功率が高い。ところがほとんどの男子はカワイイ子とか、自分が好きだと思う女性にばかりフォーカスしてしまう。

カワイイ子というのは当然競争率が高いですから。なかなか難しい。ところが注意深く周囲を見渡せば、自分にそれとなく興味や好意を持っていそうな子が、じつはいるのです。

断らせない気づかい

相手の気持ちを察することが大切な場面は多々あります。たとえば誰かを食事に誘うとします。「ちょっとその日は忙しくて」と言われたらどう解釈するか?

恋愛ベタで相手の気持ちを察するのが下手な人の場合はそこで「完全に断られちゃった

よ」と落ち込んでしまい、諦めてしまう。本当はＯＫでも、実際に用事が入っていてどうしても難しい場合もあります。体調が悪かったり、いろんな事情でその日はダメということがある。

もちろん完全に拒絶という場合もあれば、誘いに乗るかどうか迷っている場合もあるでしょう。

いずれのパターンなのか、相手の本意をしっかり確認しなければいけません。まず一つは言葉だけでなく、相手の表情や雰囲気から推し量る。完全な拒絶なら素っ気なく断るでしょうし、少しでも脈があれば笑顔でこちらを見つめながらだとか、本当に残念そうな雰囲気がどこかに出ているものです。

より正確に相手の本意を確認したいなら「じゃあ、この日ならどうですか？」と別の案を出してみる。「あ、その日も予定が入っていて」「じゃあ、この日は？」「その日も予定が入っていて」

さすがに3回断られたら、まず完全に脈なしと思ってください。どこか毅然《きぜん》として「そうですね、後でこちらから連絡します」という返事も、残念ながら脈は薄いです。

ダメとなったら引き際も大切です。

相手にはっきりと拒絶の言葉を言わせないことも、付き合いのたしなみです。断ること自体がかなりのストレスになります。過剰なストレスを感じさせるまで、相手を追い詰めないこと。

ほどほどのところで察して身を引く。引き際も大切ですね。そして次にチャレンジする。明確な言葉になる前に察する能力というのは、恋愛だけでなく仕事をこなす上でも大切な能力です。取引先がやんわりと拒絶していることに気が付かず、強引に取引を迫ったりしたら、気持ちの分からない野暮《やぼ》な奴だと評価を下げることになるのがオチです。

「本当のこと」を言ってはいけない

かく言う私自身、若い頃苦い失敗体験があります。30代の前半でしたが、私の教えていた学生がある学校に教育実習生として行ったのです。ところがある朝体調を崩して病院に行き、そのまま入院してしまったのです。

線の細い女子学生で、ちょっと精神的、肉体的な負担が大きかったのかなと思いました。ただ、急に実習をすっぽかした形になり実習先の学校には迷惑をかけてしまったので、菓子折りを持って謝りに行ったのです。

相手の先生も一見穏やかでそれほど怒っているようには見えなかったので、少し気が緩んでしまったのかもしれません。ふとした拍子に「このカリキュラムだと彼女には少し荷が重かったのかもしれませんね」と漏らしたのです。すると先方が突然、「こっちの指導が悪いと言うのか、君は！」と激怒したのです。

菓子折りを持って謝りに行ったのが、逆に火に油を注ぐことになってしまった。まったく今思えば私の若気の至りだと思います。

結局、相手の気持ちの読み間違いなのです。いまから思えば、相手にも「まずいことになった」という気持ち、後ろめたい気持ちがあったと思います。と同時に、だからこそ自分の立場を守りたいという気持ちもあったのではないでしょうか。

この辺の機微は年を重ねた今だからこそ分かるのですが、若い時分はなかなか想像が及びません。そんな相手の微妙な気持ちを、私の不用意なひと言が刺激してしまったのです。

社会人になったら、めったに本当のことを言ったらダメなんだというのを、そのときに学びました。本当のことを言うのは、非常に危険を伴うことなのです。

たいてい人が怒りだすのは、言われたくない真実を指摘されたときです。

全く違うことを言われたら、単に「それは違うよ」で済むわけですから。

本当のことを言ったら相手が傷ついたり、立場をなくすことがある。そこはデリケートに対応しないといけません。それも会話の中で相手の表情や態度から真意を汲み取る力なのです。それにはやはり経験が必要です。私のように痛い目に遭って初めて分かるのかもしれません。

会話の中でも、これ以上踏み込んでほしくないとか、この話はこれ以上広げたくなさそうだというのを敏感に察知する。

たとえば会話中にやたら目をそらしたり、貧乏ゆすりをしたり、腕組みをする。そういう態度は拒絶のサインであることが多いです。相手がそんなそぶりを見せたら、機転力を働かせて別の話を振ってみる。相手がそれに飛びついてくるようなら、その話を広げていけばいいのです。

相手の話に乗って自分を出す高等テクニック

会話の達人というのは、相手の話に乗りながら上手に自分を主張することができる人です。まるで自己紹介をしているように一方的に自分の話をする人がいますが、これはいただけません。

まず相手に話をさせることがポイントです。たとえば「下北に住んでいるんです」と相手が話をしたら、「じつは僕も下北の近くに住んでいたんですよ」と、いきなり自分の話をしない。

「下北沢いいですね。僕も大好きなんです」と相手の話に乗って、ひとしきり相手に話をさせるのです。その上で「じつは僕も昔、近くに住んでいまして」と自分の話をする。そして「いいですよね、駅前のあたりにある飲み屋とか」と話を広げていく。

相手は、自分の話を聞いてくれたので、こちらの話も喜んで聞いてくれるでしょうし、下北沢をよく知っているということでシンパシーを強く感じるはずです。

相手に話をさせながら上手に自分の人となりを出していく。たとえば以下の会話もそんな例といえます。

Aさん：「じつは猫が大好きで3匹も飼っているんです」
Bさん：「そうなんですか！　どんな種類の猫ですか？」

Aさん：「アメリカンショートヘアとマンチカンです」
Bさん：「可愛いですね」
Aさん：「それがアメリカンのほうが、この前病気にかかりましてね」
Bさん：「心配ですね！　大丈夫だったんですか？」
Aさん：「病院で2日間ほど様子を見て、元気になりましたよ」
Bさん：「よかったですね。じつは僕も飼っていた猫が病気になって、寝ずに看病した経験があるので、よく分かりますよ」

以上の会話などは一見するとAさんが自分のペースで話をしているように見えます。しかし、結果的にBさんの人となりのほうが浮き上がって見えてくる。

Bさんは Aさんの話に乗るようにして、自分も猫を飼っている事実と、徹夜で看病したエピソードをさりげなく入れていますね。この会話からAさんは、Bさんも猫好きであること、しかも病気になったら徹夜で看病するような優しい人だということが分かるのです。

これこそ機転力を働かせた会話といえます。

コミュニケーションの初心者の人は得てして、自分のペースで自分の話をしますが、これを見ても分かるように相手の話に乗り、相手を気持ちよくさせつつ、自分のエピソード

や人となり、情報をさりげなく乗せる。それがコミュニケーションの上級者というわけです。

いずれにしても相手の反応を見ながら、相手が乗ってきたらその話をどんどん広げる。その流れの中で自然に自分のことや、自分の考えや人となりを挿入していくのです。

その際には、相手の口から出た言葉だけでなく、表情やしぐさ、雰囲気など全体から総合的に判断すること。会話というのは言語情報と非言語情報の両方が交ざった膨大な情報のやり取りなのだということです。

じつはそれと反対なのが、フェイスブックやツイッターなどのSNSだと思います。表情などが読み取りにくい分、言葉のセレクトに注意が必要です。とくにフェイスブックなどで自分の興味があるものをとにかく一方的に取り上げ公開するタイプの人は、「キャッチ力」が向上しているか、の自己チェックが必要です。

中にはとくに知りたくもないのに、どこで何を食べたとか、どこに行ったとか逐一報告している人もいます。読んでいる人の表情や反応を直接確認できるわけでもなく、唯一「いいね！」が相手の反応を知る機会。どんな表情で「いいね！」ボタンを押しているか分かりません。

個人情報を隠したがる風潮が強い一方で、これほど自分の情報を前面に出せる時代も珍しいかもしれません。

いずれにしても、対面コミュニケーションの場合は、言語以外の相手の発する情報もキャッチしながら、上手に自分の情報を相手に伝えることが求められるのです。

CHAPTER 11

その他の力

4

「図化力」で大局的で冷静な解決ができる

Ａ４の紙に相手の話を「図化」する

コミュニケーション力の上達に非常に役に立つのが「図化」です。話の内容を図にして整理しながら会話を進めていく。すると話の全体を俯瞰《ふかん》することができて、テーマや問題がクリアになります。

私はセミナーでよくやるのですが、二人一組になってもらいＡ４の紙を真ん中に置く。一人が自分の悩みや問題を話して、もう一人がそれを図にしながら整理していくのです。相手の話を聞いて、問題を構造として捉える訓練です。

対象を図化するというのは、それを俯瞰するということ。問題が起きて悩んでいるときというのは、たいてい近視眼的になっています。

ちょうど迷路にはまっているような状態ですが、迷路は上から見れば簡単に出口が分かるように、問題を解決するには、それを上から俯瞰する。物事の関係性がどうなっているかが分かり、意外に簡単に解決の糸口が見つかるのです。

必ずしも明快な解決に至らなくてもいいのです。図化しながら「それはこういう関係にありますね」とか「それはこういうことですね」と整理することで、モヤモヤとしていたもの、漠然としていたものがはっきりする。

問題は、整理された時点で大方解決がついたようなもの。多くの悩みは問題が整理されていなくて、モヤモヤした状態。状況や関係性がつかめずどうしていいか分からないから起きているのです。

図化のポイントは、分類すること。

たとえば「部下が思ったように動いてくれない」という悩みがあったとします。図化する方は「実際に部下がどのように動いてくれないのですか?」「それによってどんな問題が起こったのですか」などと質問を繰り返しながら、問題を具体的に把握するように努めます。

「指示を出したのにちゃんと聞いていない」

「やる気が感じられない」

「ミスを連発する」

など、具体例を10個とか20個列挙した上で、それらをグループ分けします。

「これって、もしかするとこんなふうに分けられたりしませんかね?」と図化する方の人が紙に書き込んでいきます。たとえばAのグループは「部下が自分の指示に従わないケース」、Bのグループは「部下のモチベーションが低いケース」、Cのグループは「部下の仕事のスキルが低いケース」。

それぞれを丸で囲って、その中に具体例を振り分けて書き込んでいきます。

そこで悩みを打ち明けている人が、「それよりも、こういう分類の方がしっくりきますね」などと逆提案してもOK。二人でやり取りしながら、納得できる図化を進めるのがポイントです。

問題をまず具体的に列挙して、A、B、Cのようにまとまりに分けるというのが問題整理の鉄則です。A、B、Cそれぞれの関係性や優先順位を考えたり、Aの中でもさらにグループ分けができるというように、図を深化させていく。

その作業を通してA、B、Cがどういう関係性にあるのか？　問題の本質やポイントがどこにあるのか？　おのずと見えてくるわけです。

問題が素早く解決可能になる

これを図ではなくて、単に話を聞いて箇条書きにしているだけだと混乱が生じてしまいます。モタモタしてなかなか解決に至らない。図にするとびっくりするくらい早く問題が整理され、話が進んでいきます。

私は会議などでもホワイトボードを多用します。ホワイトボードがない会議は網を持たずに漁に出るようなもので、なかなか話がまとまらない。

ホワイトボードが、二人一組の場合の紙に当たります。会議を進めながらボードに課題や問題を図化する。

大学での会議でも、ホワイトボードを使うと話がスムーズに先に進んでいきます。

たとえば新しい学科の名前を決めるというときなども、候補をいくつか挙げてグループ分けして、それぞれの良さや欠点を図の中に書き込みます。すると図を作りながら話が整理されスピーディーに結論が出ます。

人の思考というのは大きく二つに分かれています。

一つは文章、言葉での思考。ふだんの会話などは言葉をやり取りしながら会話の文脈が出来上がっていく。

言葉や文章の思考は、紐とか鎖のように次々につながっていくイメージ。流れ次第でどこに向かっていくかよく分からない。整理されないまま流れていくのですが、気が付いたら全く違う方向に行っていたり、同じところをグルグル回っていることもよくあります。

文章的思考というのは雑談に向いているんですね。雑談はとくに何かを決めなければいけないとか、結論を導くような目的をもたず、会話そのものを楽しむもの。ぶらぶら街の中を散歩する感じに近いでしょう。

そこで思ってもみなかった面白いものに出会うからこそ楽しい。雑談はあまり整理して俯瞰してしまうと面白くないのです。

もう一つは、話を俯瞰する思考。メタ認知というのですが、メタとはギリシャ語で「上の」とか「超えたもの」という言葉。上から見ることで、全体の関係性の中で物事をとらえるという思考です。

このメタ認知が、問題解決や、何かしらのジャッジメントをするときには不可欠なわけですが、ここで図化思考が非常に役に立ちます。

逆にいえばメタ思考を身につけるには図化を身につけるとよい。相手の取りとめのない話を整理して、関係性や優先順位を見出し、問題解決に導くことが可能になります。

問題があって悩んでいる状態というのは、モヤモヤとして事実関係も問題の所在さえもよく分かっていない状況がほとんどなので、図化によるメタ認知が多いに役立つのです。

「感情的・一方的」から「冷静・大局的・共同作業」へ

図化することのもう一つの大きなメリットが、共同作業になるということ。図化する過程で一緒に考えることで目線が同じ方向に向きます。図を描きながら、「ここはこういう感じでいいかな?」とか「こうくると分かりやすくなりますね」というように。

これがふつうの会話になると、言葉でお互いがやり取りするので、目線が向き合ってしまいます。意見の相違があると正面からぶつかって対立してしまったり、つい感情的になってしまうこともあります。

ですから部下が失敗したときやミスをしてしまったときなど、図化コミュニケーションはお勧めです。私も学生が何か教育実習先などで不始末をしてしまったときなど、この図化を駆使して大いに成果を上げています。

図化しないと、つい「どうしてこうなったの?」と相手を責めたり怒りたくなってしまいます。ところが紙を間に置いてやり取りすると、不思議と冷静になります。**紙に向かって一緒に考えるという作業が、脳のモードを切り替えるのです。**

まず「起きてしまったことはしょうがない。まず事実関係をはっきりさせてみよう」と事実を聞きとり列挙します。

そこから「問題はこれとこれに分けられるね」と図化しながら、「そうするとこの時点でズレが出たわけだね」「ここで対応しなかったから、現在の状況につながっているわけだね」と問題点が明確になります。その上で「本来はこうするべきだった」という反省ができます。

最後に「いまできることはこれとこれ」だと認識し、「じゃあまず菓子折りを持って謝りに行こう」とか「改善法を明確に先方に伝えよう」などと善後策が明確になる。

目的は相手を叱ることでも、責めることでもありません。問題を見極め解決策を講じ、二度と同じようなミスを繰り返させないこと。だとすれば感情的になるのではなく、図化することで冷静に解決を図った方がいい。

とくに最近の若い人は叱られることに不慣れです。つい感情的に怒鳴ってしまうと、事実を隠したり誤魔化したりして、それがさらに大きな問題に発展してしまうリスクもあり

ます。

そうでなくとも感情が入り込むと事実関係の確認を誤り、先入観や決めつけなど歪んで捉えてしまいがち。その結果、対応を間違えてしまうということにもなりかねません。

問題を整理し解決する「技」として、図化は非常に有効な手段であることを知っておいてください。

矢印などを駆使して関係性を明確にする

じつはこの図化による問題整理術は、私は高校生のときから得意でひんぱんに行っていました。友達との会話や、一緒に勉強する際も、図にして整理するのが習慣でした。

ですからクラスで何か問題やもめごとが起きたりすると、「齋藤、ちょっと来てくれるか」と呼び出されて、図化によって問題を整理する役をやらされたものです。

皆の意見を聞いて、この問題はこういう構造になっているねと。ポイントが三つあって、それはこれとこれだねというように図にするので、皆が共通の問題意識を持ち、解決に向かうことができたと思います。

図化の際のポイントはA、B、Cと整理して括るだけでなく、その関係性を明確にするために、矢印やイコールの記号を使うこと。これによってそれぞれの因果関係が明らかになります。

たとえばAとBが対等の関係にあるならばA＝Bと結んでみる。反対、対立の関係にあるならば↕で結ぶ。Aが上位概念でBはそれに従属する関係とか、Aが原因でBという事態が起こっているというならばA→Bというように。

とくに重要なポイントや分類には、二重三重で丸を囲って目立つようにする。色分けなども工夫することで、図はより深化したものになります。

図は地図のようなもの。俯瞰して何がどこにあるのか、どこに向かえばいいのかが分かります。図を真ん中にして会話をすることで問題を共有し、素早く解決策を見出すことが可能になる。

地図のようにキーワードを書きながら会話をするので、**「マッピング・コミュニケーション」**と私は名付けました。学生たちはもちろん、セミナーに来られたビジネスパーソンにも推奨しています。

仮説と検証を繰り返して深化する

この図化の大きな特徴は、一度作ったからといって、それに必ずしもとらわれる必要はないということ。状況に応じて、新しい情報が出てきたり、新しい見方や考え方が出てきたら、出来上がった図に描き足したり、前の図を消して新たに描き直してもいい。

非常にフレキシブルでやわらかいツールなのです。じつはこのやわらかさは、科学の思考や方法論に共通するものです。

以前、湯川秀樹博士の『旅人』（角川ソフィア文庫）という本を読んだことがあります。湯川さんは寝るときにはいつも、原子の構造など未解決のモヤモヤとした問題が頭の中にあったそうです。そのモヤモヤを整理するために一つの仮説を立てる。

そして朝、研究所へ行って仮説を検証する実験をするのですが、結局その仮説が潰れて、またモヤモヤの夜が訪れる。

つねにモヤモヤと仮説、実験を繰り返しながら、前の考え方を一度壊し、そこから再構築する。それを毎日繰り返す中で、湯川理論が次第に形になっていったといいます。

科学の発展性というのは、カオスの中から論理と秩序のコスモスを作ること。ただし一回整理され論理化されてコスモスになると、それが固定化し発展性がなくなる。そこであえて壊し、もう一度カオスに戻すという作業が必要になります。これが科学の発展を支えているわけです。

これは何も科学の世界に限ったことではありません。私たちの日常の生活や仕事の中でも、一つの考えや先入観にとらわれると、発展性がそこでストップしてしまう。

ビジネスの世界でも仮説、実験、検証は常に行われています。セブン＆アイ・ホールディングスの鈴木敏文会長・ＣＥＯと対談させてもらったとき、強調されていたのが、いまある状態で満足しないという態度。

鈴木さんは会長でありながら、ふらっとセブン＆アイの店内に入って、商品をこうやって置いたらもっと売れるのでは？　この位置を変えたらどうなるだろう？　と、いまでも自分でやってしまうそうです。

図化して問題を整理するのは、それらの作業と共通するものがあります。どんな図を描くか、とくに正解はありません。どう問題を分類し、どんな関係性の図を描くかは自由です。

ただし、**出来上がった図で終わりではなく、つねに修正、改良、変更を続けていくこと**

が大切です。

私は、この図化によるマッピング・コミュニケーションを、ぜひ小学校の授業に取り入れてほしいと考えています。子どものころから会話を図化することを身につけ、大人になる頃にはすっかり「技」として定着している。もしそうなったら、日本人の思考回路は大きく変わるし、日本人の脳が相当に進化するとさえ思っています。

CHAPTER 12

その他の力

5

トラブルを上手におさめる「謝罪力」

若女将が客を激怒させた一言

仕事をする上でトラブルや問題はつきものです。できれば避けたいことですが、ビジネスや商売で多くの人と向き合うほど、ある程度は避けられない運命にあります。

とくに取引先や顧客を怒らせてしまったとき、どうやってその場を収め、問題を解決し関係を修復するか？　それをうまくできるかどうかが、コミュニケーションができ、仕事ができる人材かどうかの分かれ目です。

謝罪というのは高度な人間力を必要としますが、まさにあらゆるコミュニケーション力を総動員して対処しなければいけません。そこでトラブル解決のコミュニケーションを取り上げることで、本書の全体をまとめたいと思います。

ちなみに、ビジネスの現場で何か失敗をして相手に謝る場合、若い人単独では、まずほとんどが失敗します。経験値の少なさから、自分は謝っているつもりでも、余計な一言を言う。的外れな言葉を言って、さらに相手の怒りの火に油を注ぐ――。

前にもふれましたが、私も30代の頃に、教育実習先での学生の不始末を謝りに行って、逆に火に油を注いでしまった苦い経験があります。コミュニケーション能力の未熟な若者は、単独で修羅場をくぐりぬけることは難しい。

先日テレビで、ある旅館の若女将《おかみ》が一人前の女将を目指しているドキュメント番組がありました。以前は音楽活動をして芸能人を目指していたという彼女が、温泉旅館の2代目に嫁いだのです。ところがやる気はあるものの、畑の違う環境でいきなりの接客業で、トラブルの連続なのです。

あるとき、お客さんから「部屋にフルーツの盛り合わせを用意しておいてくれ」という依頼が来ます。「連れを部屋に案内すると、テーブルにフルーツの山」というサプライズを仕掛けて連れを喜ばせたいという計らいでした。

ところがそれを受けた若女将はすっかり依頼を忘れてしまいます。部屋に入ってもテーブルの上にフルーツがない。期待していただけに、お客さんの落胆と怒りは激しいものがありました。

さんざん現場で揉めて、後からお客さんに謝罪文を送ることに。ところがこともあろうに文章の最後に「貴重なご意見ありがとうございました」という一文を加えてしまった。

「私は抗議をしたのであって、意見を言ったのではありません！」

せっかくの謝罪文が、さらに怒りを激しくさせてしまった。言葉というのは、使い方ひとつで、相手の気持ちを鎮めることもできる一方、逆なですることもある。若女将に悪意はないのですが、言葉の使い方の間違いで相手をさらに怒らせてしまいました。自分のミスで相手を怒らせておいて、「貴重なご意見ありがとうございます」では、まるで他人事のようです。

余計な言葉や取ってつけたフレーズで乗り切ろうとするのではなく、まず相手の怒りに向き合い、申し訳ないという気持ちを素直に自分の言葉で表現すべきでした。「謝罪力」が大切です。

ところがコミュニケーション能力の未熟な若い人、謝罪力が低い人は、この微妙な言葉の綾が分からず、選択ができません。トラブルの現場では舞い上がってしまい、逆に間違った対応をしてしまうのです。

相手の気持ちを和らげるカギ

相手が怒っているとき犯しやすい過ちが、状況をやたらと説明しようとすること。「言い訳」にしか聞こえない場合がほとんどです。

かりに釈明したいことがあっても、こちらに何らかの非があると認めたら、とにかくまず謝ることが先決です。

と言うと、最近はクレーマーの多い世の中、謝ったらかえって面倒になるのではという人もいますが、謝ることで受けるリスクより、謝ることを先送りすることで受けるリスクの方が高い。

とくに日本の場合、こじれて訴訟沙汰になるのは、きちんと謝罪をせず、のらりくらり逃げようとしたケースが圧倒的に多いのです。

以前、『証言 水俣病』（栗原彬〈編〉）という本を読みました。すると日本人独特の感覚や機微がよく分かりました。

水俣病で苦しんでいる患者たちが、その原因とされる公害物質を流した化学工業会社チッソと行政を相手取って訴訟を起こします。原告側は何に対して本当に怒っているのか？

チッソと行政側が被害者に対してしっかりと向き合っていないことに対する怒りなのです。賠償金の有無や、多い少ないではない。自分たちが受けている苦しみに対して、人間としてどれだけ真摯《しんし》に向き合うか？

つまり相手の気持ちを自分の気持ちとして感じることができる「共有力」がどれだけあるか？　ある企業のクレーム対応の人の話によると、この「共有力」の有無が一番のポイントだと言います。

相手の怒りに対して「たしかにおっしゃる通りですね。私も本当にそう思います」とか、「私が同じ立場なら同じように感じると思います」というように共感を示した瞬間に、「分かってくれますよね」と急にトーンがやわらかくなる人が多いと言います。

ところが「損害賠償金が足りないからゴネているのだろう」という態度が見え見えな場合は、被害者側の怒りが収まらなくなる。

本当に申し訳ないことをしたという心からの謝罪と、相手に対する思いやりの気持ち、心遣いが大切です。それを素直に表現することで、相手の頑なな心をまず解きほぐすことが必要なのです。

怒りにどう向き合うかで〝格〟が決まる

十分な謝罪をしないまま、その場を早くしのぎたいと解決を急ぐのも間違いです。いきなり「では、こうさせていただきたいのですが……」と提案すると「そんなつもりで言っているんじゃない」と、逆に怒りが増幅することになりかねません。

ほとんどの場合、怒っている相手は何か得をしようとしているわけではありません。まずはこちらの話をしっかりと聞いてほしいのです。そしてその気持ちを尊重し共感してほしいと感じている。

私などは、学生が教育実習先などで何かトラブルを起こしたら、まず真っ先に私から電話して「申し訳ありませんでした」と謝ります。ここで学生に任せておくと、まず事態がよくなることはありません。

ビジネスの現場も同じでしょう。若手がトラブルを起こしたとき、これは面倒になりそうだなと感じたら、上司がまず表に出る。場合によっては直接菓子折りを持って一緒に謝りに行き、頭を下げる。

ちなみに、甘いものというのは怒りの感情を抑える働きがありますが、そういう意味でも菓子折りというのは意味があるのです。たいていの相手は、「まぁ、ここまでしてくれるなら」と、怒りの感情が和らぐはずです。

相手の怒りが収まり、冷静になった段階で改めて、どうしてこういう事態になったか、どこに問題があったかを説明する。この段階になれば自分たちの非がどこまでなのかを、相手に客観的に説明しても、「なるほどそういうことか」と受け止めてもらいやすい。

その確認を終えたら、今後どういうふうに改善していくか、具体的な対応策を明確にします。今回の件で明らかになった自分たちの問題点を、どういうふうに改善していくか、あるいは実際に変わった部分を具体的に相手に示す。

自分が怒ったことで相手が変わった、改善したと感じられれば、逆に強い信頼を得るきっかけになります。まさに雨降って地固まることになる。

成績優秀なトップセールスパーソンは、相手と深い関係を築くため、何かトラブルが起きるとむしろチャンスだと思うそうです。

怒りというのは非常に人間的な感情です。人物の素《す》がそのまま表れる。それだけに逃げたり誤魔化したりしないで向き合う。まさに自分の人間力が試される正念場だと考えてください。

相手の怒りに向き合い、相手の気持ちになって考える。素直な気持ちで謝意を表すことで相手の怒りを和らげる。その後に事態の冷静な分析と今後の改善点を示す。その体験をするだけで、あなたのコミュニケーション力、人間力は格段にレベルアップするはずです。

トラブル対応こそ「機転力」が試される

さて、怒っている相手にどう対応するか？　コミュニケーション術のもっともハイレベルな領域といえるでしょう。あらゆる力を総動員して難局を乗り越えなくてはいけない場面です。

これまでのまとめを兼ねて、コミュニケーションの一つひとつがどう関係しているかを見ていきましょう。

１章のおさらいになりますが、コミュニケーションにはどんな要素があったでしょうか。

大きく分けると**「聞く力」**と**「話す力」**、**「その他の力」**の三つがあります。

「聞く力」には、

話のポイントを的確につかむ**「要約力」**、

相手から話を聞き出す**「質問力」**、
話を広げる**「展開力」**、
話を理解するための**「情報力」**、
相手の話に共鳴する**「共有力」**、
キーワードをもとに会話を広げる**「メモ力」**
があります。

「話す力」には、
話をまとめて分かりやすく伝える**「プレゼン力」**、
決められた時間内に自分の考えを伝える**「コメント力」**、
話をやわらかくする**「ユーモア力」**
などがあります。

「その他の力」には、
TPOに合わせて自分を変える**「修正力」**、
相手がどういう人かを見抜く**「観察力」**、

相手の状況や本音を見抜く**「キャッチ力」**、
大局的に、冷静に問題を解決できる**「図化力」**、
トラブルや相手が怒っているときに対応する**「謝罪力」**
などがあります。

他にもコミュニケーションに関わる力はありますが、代表的なものを挙げてみるとこういう感じになります。これらの力をどう駆使することで、怒っている相手に対して適切な対応が可能になるかをシミュレーションしてみましょう。

怒りを鎮めるための「機転力」の発揮の仕方

まずは通常のコミュニケーションと同じく、相手の言葉をしっかりと聞くことが第一歩になります。「要約力」「質問力」「共有力」などを駆使して相手の話を聞き取り、その上で対応策や善後策を取ります。

自分：「今回はいろいろとご迷惑をおかけしたようで大変申し訳ありません。部下からの話では、納品した商品の仕様が違っていたということですが（質問力）……」

相手：「そうなんだよ。事前にそちらのAさんと話をしていたはずなんだけど。それが実際に商品が届いたら仕様が違っているんですよ。こっちはあてにしてラインを動かしているんだけど。どうなってるの？」

自分：「それは本当に申し訳ありません（謝罪力）。事前の約束にもかかわらず部品が違っていたわけですね（要約力）。正しい部品の仕様は○○○型でいいのですよね。部下の話では部品は1万個の納品でしたが、数量はその数で間違いなかったでしょうか」

相手：「数はその通りだけど、品物が違っていたらどうしようもないよね。こっちはラインがストップしそうな状況なんだから」

自分：「申し訳ありません。ラインが動かなくなったら大変なことになりますね（共有力）。じつは今とりあえず正しい部品を5千個、早急に手配して本日中にお届けしようと思います。で、明日中に残りの5千個をお届けしようと思うのですが、それでご対応いただくことは可能でしょうか？（プレゼン力） 本当に申し訳ないのですが」

相手：「5千個か。今日の15時までに揃えてくれるなら、何とか対応できるかもしれないね」
自分：「分かりました。15時までには5千個揃えてお送りできると思います。残り5千個も明日できるだけ早くお届けするつもりですが、時間が分かりましたらすぐにご連絡します」

たとえばこのように、事のあらましを把握して的確に対応することで、トラブルを大きくせずにまとめることができます。さらに後日フォローすることで関係性を維持することができるようになります。

自分：「先日は本当にご迷惑をおかけしました。その後社内でも聞きとりを行い、今回の件がどうして起きたのかを反省しました（修正力）」
相手：「本当にこの前は大変でしたよ。何とかその日のうちに5千個届けてもらったのでラインをストップすることはなかったけど」
自分：「本当に申し訳ありませんでした。今回の件は、弊社の担当者が御社との打ち合わせで確認を怠ったという基本的なミスが原因でした。今後このようなことがないように、社員全体が打ち合わせの内容を必ずメモし、それをその日のうちにまとめ、メールでお送りさせていただきたいと思っております。その際、大変お手数をおかけして恐縮ですが、ご確認いただけますでしょうか……（修正力）」

相手：「分かりました。今後は同じミスはないと考えていいのですね」

自分：「はい。そのようなことがないように徹底します。私も担当部署の責任者として、細心の注意を払って部下を見ていくつもりですので、なにとぞよろしくお願いいたします（修正力）」

相手：「まあ、あなたがそこまで言ってくれるならね。今後ともよろしくお願いします」

トラブルに対して、コミュニケーションのさまざまな力を動員し、機転力を発揮することで、何とか乗り切るわけです。

まず、先ほど挙げたコミュニケーションの各力を意識化する。

その上で会話の各局面で、いまは「質問力」が必要だなとか、この展開は「修正力」で対応する必要があるな、ちょっと雰囲気が硬いから「ユーモア力」を生かそう、などと機転を利かせて対応する。

このように「機転力」を働かせられるようになれば、コミュニケーションの達人と言ってもいいでしょう。

本書は月刊「BIG tomorrow」誌上の
連載（2013年8月号～15年3月号）をもとに
大幅に加筆・再編集したものです

著者紹介

齋藤　孝（さいとう　たかし）

1960年、静岡県生まれ。東京大学法学部卒業。同大学大学院教育学研究科博士課程を経て現在、明治大学文学部教授。専攻は教育学、身体論、コミュニケーション論。
著書に『声に出して読みたい日本語』（草思社文庫、毎日出版文化賞特別賞受賞）、『身体感覚を取り戻す』（ＮＨＫブックス、新潮学芸賞受賞）、『雑談力が上がる話し方』（ダイヤモンド社）など多数がある。

人生《じんせい》は機転力《きてんりょく》で変《か》えられる！

2015年５月５日　第１刷

著　者　齋《さい》藤《とう》　孝《たかし》

発行者　小澤源太郎

責任編集　株式会社 プライム涌光
電話　編集部　03(3203)2850

発行所　株式会社 青春出版社
東京都新宿区若松町12番１号 〒162-0056
振替番号　00190-7-98602
電話　営業部　03(3207)1916

印　刷　中央精版印刷　　製　本　大口製本

万一、落丁、乱丁がありました節は、お取りかえします。
ISBN978-4-413-03953-6 C0095